# 즐거운 영어생활

3교시
사회생활
영어회화

제이정 글 | (주)산돌티움 그림

길벗
이지:톡

# 즐거운 영어생활

3교시 사회생활 영어회화

초판 1쇄 발행 · 2019년 12월 20일

**지은이** · 제이정 | **그린이** · (주)산돌티움
**발행인** · 이종원
**발행처** · (주)도서출판 길벗
**브랜드** · 길벗이지톡
**출판사 등록일** · 2000년 4월 14일
**주소** · 서울시 마포구 월드컵로 10길 56(서교동)
**대표 전화** · 02)332-0931 | **팩스** · 02)323-0586
**홈페이지** · www.gilbut.co.kr | **이메일** · eztok@gilbut.co.kr

**기획 및 책임편집** · 임명진(jinny4u@gilbut.co.kr), 김대훈 | **디자인** · 황애라 | **제작** · 이준호, 손일순, 이진혁
**영업마케팅** · 김학흥, 장봉석 | **웹마케팅** · 이수미, 최소영 | **영업관리** · 김명자, 심선숙 | **독자지원** · 송혜란, 홍혜진

**편집진행 및 교정교열** · 강윤혜 | **전산편집** · 이현해
**오디오 녹음 및 편집** · 와이알미디어 | **CTP 출력 및 인쇄** · 예림인쇄 | **제본** · 예림바인딩

**ISBN** 979-11-6050-996-0 03740 (길벗도서번호 301040)

이 도서의 국립중앙도서관 출판사도서목록(CIP)은 서지정보유통지원시스템 홈페이지(http://seoji.nl.go.kr)와
국가자료공동목록시스템(http://www.nl.go.kr/kolisnet)에서 이용하실 수 있습니다. (CIP제어번호: CIP2019045664)
ⓒ 제이정, (주)산돌티움 2019

**정가 13,000원**

**독자의 1초를 아껴주는 정성 길벗출판사**

**길벗** | IT실용서, IT/일반 수험서, IT전문서, 경제경영서, 취미실용서, 건강실용서, 자녀교육서
**더퀘스트** | 인문교양서, 비즈니스서
**길벗이지톡** | 어학단행본, 어학수험서
**길벗스쿨** | 국어학습서, 수학학습서, 유아학습서, 어학학습서, 어린이교양서, 교과서

**페이스북** · www.facebook.com/gilbuteztok
**네이버 포스트** · http://post.naver.com/gilbuteztok
**유튜브** · https://www.youtube.com/gilbuteztok

# 즐거운 영어생활을
# 시작하는 독자 여러분께

## 10년 동안 써온 영어 노트가 있습니다

제 학생이 원어민 선생님과 대화를 나누던 중 뭐가 답답한지 가슴을 막 두드립니다. 그러더니 갑자기 선생님과 둘이 웃음이 터졌어요. 이 모습을 지켜보다 궁금해진 제가 다가가서 자초지종을 물어봤어요. 그랬더니 학생왈, 자신이 열심히 설명한 내용을 선생님이 이해했는지 궁금해서 "제 말 무슨 말인지 아셨나요?"라고 물어보려 했대요. 그런데 그 친구 입에서 나온 말이 Can you feel my heart?(내 마음이 느껴지세요?) 말해놓고 본인도 이건 아니다 싶어서 웃음이 터졌다는 거죠. 그에게 영어 문장을 말해준 후 양해를 구하고 노트에 정리했습니다. "내 말 뭔 말인지 알지?"

영어 강사로 지낸 지 어느덧 10년이 훌쩍 넘었어요. 그동안 많은 학생들을 만났고 또 그만큼 많은 질문을 받았습니다. 학생들이 저에게 자주 하는 질문 부동의 1위는 바로 "선생님, … 이 말 영어로 어떻게 해요?"입니다. 질문을 들어보면 '와, 이런 표현은 누구라도 궁금하겠는데!' 하는 감탄이 나올 때가 많습니다.

## 진짜 내가 쓸 말, 당장 말하고 싶은 100% 현실 영어회화

궁금한 영어 표현이 있어서 인터넷에 검색해 봤는데 뭔가 어색한 영어 문장들만 나오고 어디 마땅히 물어볼 데 없는 그런 경험 있죠? "망했다", "싫으면 관뒈", "신용카드 한도 초과", "나 결정 장애야", "쟤 코 했어", "2:8 머리 스타일"… 학생들이 궁금할 때마다 저에게 준 소중한 질문들 덕분에 '진짜 우리 생활 속 현실영어 빅데이터'를 차곡차곡 모을 수 있었어요. '영어의 생활화'를 하고 싶어도 원어민들이 많이 쓰는 표현, 선생님이 추천하는 영어를 내가 말할 일이 없다면 실천할 수 없잖아요. 매일 내 일상에서 쓰는 말, 궁금해서 속 터질 그런 표현들을 이 책에 꼭꼭 채웠습니다.

대화해보면 재치 넘치고 재미있는 학생들이 참 많습니다. 그런데 그 빛나는 유머감각과 매력이 영어로 말할 땐 빛을 잃곤 합니다. 영어와 우리말을 할 때 마치 다른 사람처럼 느껴지기도 해요. 영어권과 우리의 문화 차이를 이해하고, 상황별 미묘한 뉘앙스를 짚어낸 센스 넘치는 한 마디, 내 매력을 여과 없이 보여줄 표현을 알려 드릴게요. 대화문도 교과서 같은 예문이 아니라 일상에서 친구와 티키타카(Tiki-taka) 자연스럽게 주고받는 대화 그대로 가져왔습니다.

## 3천 명의 학습자들과 함께 만든 만화책보다 재밌는 영어책

혹시 영어책을 처음부터 끝까지 '완독'해본 적 있나요? 책을 살 때 망설이게 되는 이유는 '어차피 못 볼 거라는 슬픈 예감' 때문이죠. 책을 주문하고 받으면 처음엔 참 뿌듯합니다. 하지만 얼마 지나지 않아 책장 어디에 꽂혀 있는지 존재조차 잊게 되죠. 그래서 이 책은 독자가 첫 장부터 마지막 장까지 '100% 완독하는 영어책'을 목표로 만들었어요.

Fun! Fun! Fun! 무조건 재미있게! 중간에 책을 덮지 않고 끝까지 보려면 무엇보다 재미가 있어야 합니다. 평소에 내가 쓰는 말들, 평소 내 친구와 투닥투닥 나누는 이야기들을 반전의 묘미가 있는 유쾌한 대화에 담았습니다. 영희와 철수, 바둑이가 등장했던 추억의 교과서를 연상시키는 친근

하고 귀여운 바른생활 그림으로 재미를 더했고요. 그리고 학습자들이 정말 끝까지 공부할 만한지 사전체험단과 3,000명이 참여한 설문조사를 진행하며 구성을 보완, 완독률 100%의 학습 구성을 완성했습니다.

## 즐거운 영어생활, 오늘부터 1일입니다

영어를 못한다고 부끄럽게 생각하는 학생들이 많아요. 우리나라에서 태어나서 우리나라에서 교육 받는데 영어를 못하는 게 부끄러운 건가요? 영어가 재미있으면 잘하려고 노력하면 되는 거고, 영어에 관심 없으면 영어가 내 앞길을 막지 않게 다른 쪽으로 열심히 하면 되는 거죠. 하지만 영어 사용자가 전 세계 인구의 3분 1, 영어를 함으로써 누구보다 마음이 잘 맞는 먼 나라 친구가 생기고 외국 여행하다가 기분 안 좋으면 속 시원하게 한마디 할 수도 있습니다.

소통과 경험의 확장이라는 면에서 '영어'란 언어를 추천합니다. 끝도 없는 가능성의 문이 열립니다. 영어에 관심 있는 누구나 쉽고 재미있게 다가설 수 있는 책을 만들어 모두가 즐거운 영어생활을 누릴 수 있도록 돕는 것이 제 오랜 바람이었습니다. 여러분의 즐거운 영어생활, 이 책을 펼쳐든 오늘부터가 1일이었으면 합니다.

제이정 올림

30일 동안 하루 하나씩 표현을 익히는 본 책과 빈틈없는 연습으로 회화 실력을 견고하게 다져줄 연습장으로 구성되어 있습니다. 학습자의 목적과 편의에 맞게 간편하게 2권으로 분권됩니다.

## 본 책

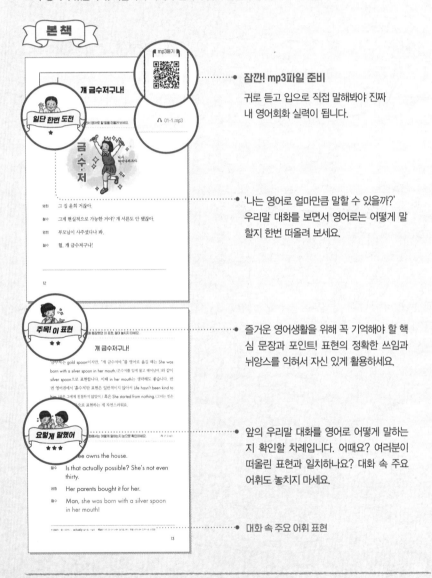

**잠깐! mp3파일 준비**
귀로 듣고 입으로 직접 말해봐야 진짜
내 영어회화 실력이 됩니다.

**'나는 영어로 얼마만큼 말할 수 있을까?'**
우리말 대화를 보면서 영어로는 어떻게 말
할지 한번 떠올려 보세요.

즐거운 영어생활을 위해 꼭 기억해야 할 핵
심 문장과 포인트! 표현의 정확한 쓰임과
뉘앙스를 익혀서 자신 있게 활용하세요.

앞의 우리말 대화를 영어로 어떻게 말하는
지 확인할 차례입니다. 어때요? 여러분이
떠올린 표현과 일치하나요? 대화 속 주요
어휘도 놓치지 마세요.

대화 속 주요 어휘 표현

[한것이 1번 – 실제 속도 2번 3번]

원민  Yunhee owns the house.
그 집 윤희 거잖아.

철수  Is that actually possible? She's not even thirty.
그게 현실적으로 가능한 거야? 걔 서른도 안 됐잖아.

원민  Her parents bought it for her.
부모님이 사주셨다나 봐.

철수  Man, she was born with a silver spoon in her mouth!
힐, 걔 금수저구나!

14

---

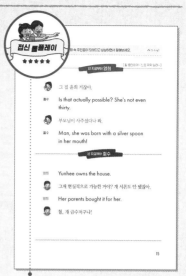

그 속 주인공이 됐다고 상상하면서 말해보세요.

[톤 중간지음 · 느림 회화 읽다~]

**넌 지금부터 영희**

영희  그 집 윤희 거잖아.

철수  Is that actually possible? She's not even thirty.

영희  부모님이 사주셨다나 봐.

철수  Man, she was born with a silver spoon in her mouth!

**넌 지금부터 철수**

철수  Yunhee owns the house.

철수  그게 현실적으로 가능한 거야? 걔 서른도 안 됐잖아.

철수  Her parents bought it for her.

철수  힐, 걔 금수저구나!

15

---

한 문장씩 잘 듣고 따라 하면서 입에 착 붙이세요. 모든 문장은 천천히 1번, 원어민들이 실제 말하는 속도로 2번, 총 3번 반복됩니다.

대화의 주인공이 되었다고 상상하면서 feel 충만하게, 느낌 팍팍 살려서 말해보세요. mp3파일에서 여러분이 말할 차례가 되면 잠깐의 시간(pause)이 주어집니다.

---

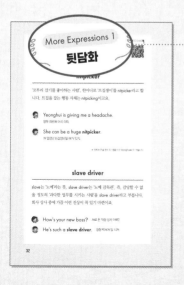

## More Expressions 1
## 뒷담화

### nitpicker

'모두리 잡기를 좋아하는 사람', 한마디로 '트집쟁이'를 nitpicker라고 합니다. 트집을 잡는 행동 자체는 nitpicking이고요.

🧑 Yeonghui is giving me a headache.
영희 때문에 머리 아파.

🧑 She can be a huge **nitpicker**.
걔 엄청난 트집쟁이일 때가 있다.

● 미국식 7을 쓴다 주 인물 이기 Yeonghun 으로 쓰는 사고

### slave driver

slave는 '노예'라는 뜻, slave driver는 '노예 감독관', 즉, 감당할 수 없을 정도의 '과다한 업무를 시키는 사람을 slave driver'라고 부릅니다. 회사 상사 중에 가끔 이런 진상이 꼭 있기 마련이죠.

🧑 How's your new boss?  새로 온 직장 상사 어때?

🧑 He's such a **slave driver**.  엄청 부려먹는 상사야.

32

더 많은 표현을 알고 싶은 분들을 위해 준비한 코너. 여러분의 영어생활을 더 풍성하게 만들 유용하고 Hot한 표현들을 놓치지 마세요.

## 연습장

본 책을 공부했는데 여전히 영어와 썸 타는 느낌인가요? 부담은 빼고 재미는 더한 영어회화 연습장으로 내 거인 듯 내 거 아닌 표현들을 진짜 나의 표현으로 만드세요!

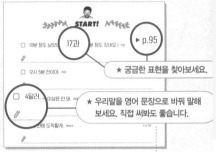

### 영어표현 자동암기 카드

입에서 바로 나와야, 상대가 말했을 때 알아들어야 진짜 내 실력이죠. 휴대가 간편하고 mp3도 들을 수 있는 암기카드로 언제 어디서나 즐겁게 연습하세요.

### 영어회화 최종점검 인덱스

이 책의 표현들을 가나다순으로 정리했어요. 향상된 회화 실력을 점검하는 [복습용], 궁금한 표현만 콕 집어 검색하는 [찾아보기용]으로 학습 목적에 맞게 활용하세요.

## mp3파일 듣는 법

### ❶ QR코드

휴대폰의 QR코드 리더기로 스캔하면 mp3파일을 바로 들을 수 있는 페이지가 나옵니다.

### ❷ 길벗 홈페이지

홈페이지에서 도서명을 검색하면 mp파일 다운로드 및 바로 듣기가 가능합니다.

### ❸ 콜롬북스 어플

휴대폰에 콜롬북스 앱을 설치한 후 도서명을 검색하세요.

## ___의 즐거운 영어생활

[ 주의 ]

이 책은 여러분이 평소에 친구들과 티키타카(Tiki-taka)
편하게 주고받는 일상 대화를 그대로 담으려 노력했습니다.
다소 과격한 표현, 맞춤법과 다르게 표기한 단어도 등장하므로
**평소 바르고 고운 언어생활을 하는 분은 불편함을 느낄 수 있습니다.**

# 1 | 개 금수저구나!

mp3듣기

**일단 한번 도전** ★  우리말을 보면서 영어로 할 말을 떠올려 보세요.  🎧 01-1.mp3

영희  그 집 윤희 거잖아.

철수  그게 현실적으로 가능한 거야? 걔 서른도 안 됐잖아.

영희  부모님이 사주셨다나 봐.

철수  헐, 개 금수저구나!

# 걔 금수저구나!

'금수저'는 gold spoon이지만, "걔 금수저야."를 영어로 옮길 때는 She was born with a silver spoon in her mouth.(은수저를 입에 물고 태어났어.)와 같이 silver spoon으로 표현합니다. 이때 in her mouth는 생략해도 좋습니다. 반면 영어권에서 '흙수저'란 표현은 일반적이지 않아서 Life hasn't been kind to him.(삶은 그에게 친절하지 않아.) 혹은 She started from nothing.(그녀는 빈손으로 시작했지.) 등으로 표현하는 게 자연스러워요.

요렇게 말했어
★★★

실제 대화에서는 어떻게 말하는지 눈으로 확인하세요.

♩ 01-2.mp3

영희  Yunhee owns the house.

철수  Is that actually possible? She's not even thirty.

영희  Her parents bought it for her.

철수  Man, she was born with a silver spoon in her mouth!

---

* own ~을 소유하다 | actually 실제로, 사실상 | Man 이런, 와 (여기서는 '놀라움, 분노' 등을 나타내는 감탄사로 쓰였음)

[ 천천히 1번~ 실제 속도로 2번~ ]

영희  **Yunhee owns the house.**

그 집 윤희 거잖아.

철수  **Is that actually possible? She's not even thirty.**

그게 현실적으로 가능한 거야? 걔 서른도 안 됐잖아.

영희  **Her parents bought it for her.**

부모님이 사주셨다나 봐.

철수  **Man, she was born with a silver spoon in her mouth!**

헐, 걔 금수저구나!

[필 충만하게~ 느낌 팍팍 살려~]

### 넌 지금부터 영희

그 집 윤희 거잖아.

철수
Is that actually possible? She's not even thirty.

부모님이 사주셨다나 봐.

철수
Man, she was born with a silver spoon in her mouth!

### 넌 지금부터 철수

영희
Yunhee owns the house.

그게 현실적으로 가능한 거야? 걔 서른도 안 됐잖아.

영희
Her parents bought it for her.

헐, 걔 금수저구나!

# 2 | 개는 도무지 개념이 없어.

우리말을 보면서 영어로 할 말을 떠올려 보세요.    🎧 02-1.mp3

| 영희 | 진이랑 나는 맨날 싸워. |

| 철수 | 말 안 해도 잘 알아. |

| 영희 | 같은 말도 항상 너무 밉게 해. |

| 철수 | **걔는 도무지 개념이라곤 없다니까.** |

# 걔는 도무지 개념이라곤 없다니까.

혹시 주위에 없나요? 입만 열면 기분 상하는 말만 하고 불쾌한 행동을 하는, 소위 개념 없는 사람. 악의는 없을지 몰라도 되도록 멀리하고 싶어지는데요. 요렇게 '개념 없는 사람'을 영어로는 뭐라고 할까요? 설마 no concept man일 까요? '개념, 눈치'라는 의미를 가진 tact라는 유용한 단어가 있습니다. He has no tact.라고 간단히 표현되죠. 혹시 눈치나 개념이 밑도 끝도 없이 최악인 사람이라면 absolutely(전적으로, 극도로)를 추가하여, He has absolutely no tact.라고 하면 돼요.

요렇게 말했어 ★★★ 실제 대화에서는 어떻게 말하는지 눈으로 확인하세요. 🎧 02-2.mp3

영희    Jin and I are constantly arguing.

철수    Say no more. I totally get it.

영희    Her choice of words can be really offensive and harsh.

철수    She has absolutely no tact.

---

*argue 언쟁하다, 다투다 | Say no more. I totally get it. 그만 말해(더 말해 뭐해). 무슨 말인지 다 알아. | choice of words 단어 선택, 말 선택 | offensive 기분이 상하는 | harsh 가혹한, 혹독한

17

영희
## Jin and I are constantly arguing.
진이랑 나는 맨날 싸워.

철수
## Say no more. I totally get it.
말 안 해도 잘 알아.

영희
## Her choice of words can be really offensive and harsh.
같은 말도 항상 너무 밉게 해.

철수
## She has absolutely no tact.
걔는 도무지 개념이라곤 없다니까.

[ 필 충만하게~ 느낌 팍팍 살려~ ]

## 넌 지금부터 영희

 진이랑 나는 맨날 싸워.

철수 Say no more. I totally get it.

 같은 말도 항상 너무 밉게 해.

철수 She has absolutely no tact.

## 넌 지금부터 철수

영희 Jin and I are constantly arguing.

 말 안 해도 잘 알아.

영희 Her choice of words can be really offensive and harsh.

 걔는 도무지 개념이라곤 없다니까.

# 3 | 그 인간이 진짜 내 신경을 건드려.

mp3듣기

우리말을 보면서 영어로 할 말을 떠올려 보세요.  🎧 03-1.mp3

철수   팀장이 또 내 기획안을 퇴짜 놨어.

영희   또? 도대체 왜 그런대?

철수   그 인간이 진짜 내 신경을 건드려.

영희   분명 뭔가 있긴 해.

# 그 인간이 진짜 내 신경을 건드려.

오늘 배울 〈**누구** get(s) on my nerves〉라는 표현을 일상생활에서 자주 사용할 일은 없기를 진심으로 바랍니다! '누가 나를 열 받게 한다, 내 신경을 거슬리게 한다'라는 의미이니까요. 이렇게 활용할 수 있어요. Your tone is really getting on my nerves.(네 말투 지금 엄청 거슬려.), His attitude always gets on my nerves.(걔 태도는 항상 내 신경을 건드려.)

**요롷게 말했어** ★★★ 실제 대화에서는 어떻게 말하는지 눈으로 확인하세요. 🎧 03-2.mp3

철수  The team manager rejected my project proposal again.

영희  Again? What's his problem?

철수  He's really getting on my nerves.

영희  There's definitely something going on.

---

\* team manager 팀장 | reject 거부하다. 퇴짜 놓다 | project proposal 프로젝트 기획안 | go on 진행되다

21

철수  The team manager rejected
my project proposal again.

팀장이 또 내 기획안을 퇴짜 놨어.

영희  Again? What's his problem?

또? 도대체 왜 그런대?(그 인간 문제가 뭐야?)

철수  He's really getting on my nerves.

그 인간이 진짜 내 신경을 건드려.

영희  There's definitely something going
on.

분명 뭔가 있긴 해.

## 넌 지금부터 **철수**

[ 필 충만하게~ 느낌 팍팍 살려~ ]

 팀장이 또 내 기획안을 퇴짜 놨어.

영희   Again? What's his problem?

 그 인간이 진짜 내 신경을 건드려.

영희   There's definitely something going on.

## 넌 지금부터 **영희**

철수   The team manager rejected my project proposal again.

 또? 도대체 왜 그런대?

철수   He's really getting on my nerves.

 분명 뭔가 있긴 해.

# 4 | 부장 때문에 돌겠어.<br>그 인간은 그냥 노답이야.

🎧 mp3듣기

**일단 한번 도전** ★

우리말을 보면서 영어로 할 말을 떠올려 보세요.  🎧 04-1.mp3

| | |
|---|---|
| 영희 | 스트레스를 받은 것 같은데. 괜찮아? |
| 철수 | **우리 부장 때문에 돌겠어.** |
| 영희 | 이번에는 또 어쨌는데? |
| 철수 | **그 인간은 그냥 노답이야.** |

# 부장 때문에 돌겠어. 그 인간은 그냥 노답이야.

A is/are driving me nuts라고 하면, 'A가 나를 미치게 만들어', 즉 'A 때문에 돌겠어'라는 의미죠. A에는 사람도 올 수 있고, 사물도 올 수 있어요. My boss is driving me nuts.에서 nuts는 땅콩이나 아몬드 같은 '견과류'가 아니라, crazy의 의미랍니다. 대화가 안 통하고 개선의 여지가 없는 사람에게 "노답이야."라고 할 때는 clueless(아주 멍청한, 아무것도 모르는)란 표현을 써주세요.

요렇게 말했어 ★★★  실제 대화에서는 어떻게 말하는지 눈으로 확인하세요.    ♩ 04-2.mp3

| | |
|---|---|
| 영희 | You seem stressed out. You alright? |
| 철수 | My boss is driving me nuts. |
| 영희 | What did he do this time? |
| 철수 | He's just clueless. |

---

\* stressed out 스트레스를 받은 ｜ boss 상사, 사장 ｜ What did he do this time? 이번에는 (또) 어쨌는데? (대화의 맥락상 굳이 again이란 말을 붙이지 않아도 '또'라는 의미가 들어감)

25

[ 천천히 1번~ 실제 속도로 2번~ ]

영희 **You seem stressed out. You alright?**
스트레스를 받은 것 같은데. 괜찮아?

철수 **My boss is driving me nuts.**
우리 부장 때문에 돌겠어.

영희 **What did he do this time?**
이번에는 또 어쨌는데?

철수 **He's just clueless.**
그 인간은 그냥 노답이야.

[ 필 충만하게~ 느낌 팍팍 살려~ ]

## 넌 지금부터 영희

 스트레스를 받은 것 같은데. 괜찮아?

철수　My boss is driving me nuts.

 이번에는 또 어쨌는데?

철수　He's just clueless.

## 넌 지금부터 철수

영희　You seem stressed out. You alright?

 우리 부장 때문에 돌겠어.

영희　What did he do this time?

 그 인간은 그냥 노답이야.

# 5 | 정말 시간을 되돌리고 싶다.

mp3듣기

우리말을 보면서 영어로 할 말을 떠올려 보세요.

🎧 05-1.mp3

친구야 놀~자!

| | |
|---|---|
| 영희 | 길동이 어때? |
| 철수 | 네 말에 상처 받은 것 같아. |
| 영희 | **정말 시간을 되돌리고 싶다.** |
| 철수 | 전화 한번 해봐. |

# 정말 시간을 되돌리고 싶다.

누구나 시간을 되돌리고 싶은 때가 있죠? '시간을 되돌리다'는 turn back time 또는 go back in time이란 표현을 쓰면 되고요. 시간을 되돌리는 건 상상 속에서나 가능한 일이니까, 현실성 없는 바람을 나타내는 I wish I could ~(~할 수 있다면 좋을 텐데) 패턴을 이용해 보도록 해요. 그래서 '정말 시간을 되돌리고 싶다[되돌릴 수 있다면]'는 I really wish I could turn back time.

요렇게 말했어 ★★★

실제 대화에서는 어떻게 말하는지 눈으로 확인하세요.

🎧 05-2.mp3

영희   How is Gildong doing?

철수   I think he was hurt by what you said.

영희   I really wish I could turn back time.

철수   You should call him.

---

＊ be hurt by ~ 때문에 상처를 입다 | what you said 네가 한 말 | You should ~ ~해봐, ~해보렴 (상대에게 부드럽게 권할 때 유용한 패턴)

영희 How is Gildong doing?

길동이 어때?

철수 I think he was hurt by what you said.

네 말에 상처 받은 것 같아.

영희 I really wish I could turn back time.

정말 시간을 되돌리고 싶다.

철수 You should call him.

전화 한번 해봐.

[ 필 충만하게~ 느낌 팍팍 살려~ ]

## 넌 지금부터 영희

 길동이 어때?

철수    I think he was hurt by what you said.

 정말 시간을 되돌리고 싶다.

철수    You should call him.

## 넌 지금부터 철수

영희    How is Gildong doing?

 네 말에 상처 받은 것 같아.

영희    I really wish I could turn back time.

 전화 한번 해봐.

31

## nitpicker

'꼬투리 잡기를 좋아하는 사람', 한마디로 '트집쟁이'를 nitpicker라고 합니다. 트집을 잡는 행동 자체는 nitpicking이고요.

 Yeonghui is giving me a headache.
영희 때문에 머리 아파.

She can be a huge **nitpicker**.
걔 엄청난 트집쟁이일 때가 있지.

＊'영희'는 한글 영어 표기법을 따라 Yeonghui로 표기했습니다.

## slave driver

slave는 '노예'라는 뜻. slave driver는 '노예 감독관'. 즉, 감당할 수 없을 정도의 '과다한 업무를 시키는 사람'을 slave driver라고 부릅니다. 회사 상사 중에 가끔 이런 진상이 꼭 있기 마련이죠.

 How's your new boss?  새로 온 직장 상사 어때?

 He's such a **slave driver**.  엄청 빡세게 일 시켜.

# suck-up

'아첨쟁이'라는 의미. flatter '아첨하다, 아부 떨다' 뒤에 -er을 붙여서 flatterer라 부르기도 하지만, suck-up도 빈번하게 사용하는 단어입니다. 〈suck up to **누구**〉는 '누구에게 아부 떨다'라는 의미가 됩니다.

 She's such a **suck-up**.
걔는 진짜 아첨쟁이야.

She's such a **suck-up**.

Sucking up is a necessary skill these days.
아첨은 요즘 시대에 꼭 필요한 기술이란다.

# waste of space

'공간의 낭비'라는 이 표현은 쓸모 없는 사람이나 사물 혹은 행사 등 '무용지물'이라는 뜻으로 사용됩니다. 공간만 차지하고 있지 아무짝에 쓸모 없다는 어감이 잘 느껴지죠? '시간 낭비'는 waste of time이라 하면 되겠습니다.

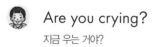 Are you crying?
지금 우는 거야?

I feel like a **waste of space**.
내가 무용지물처럼 느껴져.

# It's like talking to a brick wall.

뭔가 말을 해도 소통이 안 되는 느낌이 들 때 우리 "벽에 대고 말하는 느낌이야."라고 얘기하죠? 영어에도 여기에 똑 떨어지는 표현이 있어요. 바로 It's like talking to a brick wall. It's like ~는 '~ 같아', talking to a brick wall은 '벽돌로 만들어진 벽에 대고 말하기'란 의미입니다.

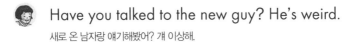 Have you talked to the new guy? He's weird.
새로 온 남자랑 얘기해봤어? 걔 이상해.

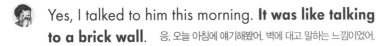 Yes, I talked to him this morning. **It was like talking to a brick wall.** 응. 오늘 아침에 얘기해봤어. 벽에 대고 말하는 느낌이었어.

# He drives me crazy.

걔 때문에 미쳐[아주 돌아버리겠어]. 직역하면 "걔는 나를 미치게 해." 즉 '걔가 하는 행동이나 말이 신경 거슬려 죽겠다'는 의미입니다. 비슷한 의미를 가진 표현으로 He drives me up the wall. "걔는 나를 벽 타고 기어오르게 한다." 역시 '걔가 하는 행동이나 말 때문에 아주 짜증이 난다'는 의미이죠.

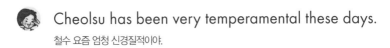 Cheolsu has been very temperamental these days.
철수 요즘 엄청 신경질적이야.

Yeah, **he's been driving everyone crazy.**
그러게. 다들 걔 때문에 미칠라고 해.

# put me in an early grave

'나를 무덤에 빨리 넣다', 즉 '제 명에 못 살다'라는 의미. ⟨~ is going to put 누구 in an early grave⟩의 형태로 '~ 때문에 누구가 제명에 못 산다'는 식으로 곧잘 씁니다.

**You're going to put me in an early grave** with all your mood swings.
네 감정 기복 때문에 내가 제 명에 못 살 것 같다.

I'll pay for the funeral.
내가 장례식 비용 다 댈게.

*mood swings 감정 기복

# She has eyes in the back of her head.

have eyes in the back of one's head 하면 '뒤통수에 눈이 있다', 즉, 주위에 일어나는 모든 일을 기똥차게 감지하는 사람, 귀신같이 알아차리는 사람을 두고 쓰는 표현입니다.

I'm gonna go out for lunch. Cover for me while I'm gone. 나 점심 먹으러 갔다 올게. 나 없는 거 티 안 나게 좀 해줘.

Be careful. **The manager has eyes in the back of her head.** 조심해. 매니저가 그런 거 귀신 같이 알아차리잖아.

# What goes around comes around.

"저쪽으로 간 것은 다시 이쪽으로 온다." 즉 "뿌린 대로 거둔다."는 의미입니다. 살다 보니 참 맞는 말 같아요! ^^

Cheolsu bought everyone coffee but me today.
철수가 오늘 모두에게 커피 다 샀어, 나만 빼고.

That's because you're a jerk to him. **What goes around comes around.**
네가 걔한테 싸가지 없게 했잖아. 뿌린 대로 거두는 거야.

# burn bridges

다리(bridge)를 지나가고 나서 그 다리를 태워버리면 돌아갈 방법이 없죠? 나와 다른 이의 관계를 '다리'라 했을 때 burn bridges는 '다리를 태우다', 즉 '관계를 끊다'라는 의미가 됩니다.

He didn't get anywhere in business.
걔는 사업에 있어 성취한 게 아무것도 없어.

That's because he kept going around **burning bridges.**
왜냐면 걔가 인간 관계를 제대로 유지하지 못해서(인간관계를 자꾸 끊고 다녀서) 그래.

＊keep going around -ing 자꾸 ~하며 돌아다니다

36

# Not everyone who smiles at you is your friend.

"나를 보고 미소를 짓는다고 다 친구는 아니다." 길지만… 유용하고 가치 있는 말입니다. 어떤 사람들은 겉과 속이 다르기도 하죠. 친절한 행동이나 말 한마디에 혹 해서 간 쓸개 다 빼주지 말라는 말이기도 하죠.

 I really like Yeonghui. 나는 영희가 정말 좋아.

 You've known her for two days. **Not everyone who smiles at you is your friend.**

너 걔랑 알고 지낸 지 이틀 됐어. 너무 섣불리 판단하지 마.

# The honeymoon is over.

"신혼 여행은 이제 끝났다." 물론 진짜 신혼 여행 다녀온 사람이 이렇게 말할 수도 있지만, 흔히 '행복하고 편한 시절은 끝나고 힘들고 복잡하고 어려운 무언가가 시작된다'라는 의미로 사용합니다. 한마디로 "좋은 시절은 이제 다 갔다." 온갖 뒷담화가 시작되는 시기이지요.

 How's the new department? 새 부서 어때?

 **The honeymoon is over.** The head of the department is starting to make me work late hours.

좋은 시절은 끝났어 이제. 부장님이 점점 늦게까지 일을 시키셔.

# 6 | 난 무조건 콜!

 mp3듣기

 우리말을 보면서 영어로 할 말을 떠올려 보세요.　∩ 06-1.mp3

하늘이 내린 **신의 조합** **치맥!**

치맥 콜!!!

철수　오늘 퇴근 후에 치맥 어때?

영희　치맥이 뭐야?

철수　진심? 치킨이랑 맥주 줄여서 치맥이라고 하잖아.

영희　그래?? 어쨌든, **난 무조건 콜!**

# 난 무조건 콜!

지인이나 친구가 나를 어디에 초대하거나 무언가를 함께 하자고 제안하면 Okay.라고 답하는 것도 좋지만 I'm all for it.이라고 하면 '그것을 (적극적으로) 하고 싶다.', '무언가에 (적극적으로) 찬성한다.'라는 의미로, 제안한 사람의 기분까지 좋아지게 하는 긍정적인 반응이 되겠습니다. "난 무조건 콜이지."란 어감이 물씬 풍기죠.

요렇게 말했어

★ ★ ★

실제 대화에서는 어떻게 말하는지 눈으로 확인하세요.　🎧 06-2.mp3

철수　How about some *chimaek* after work?

영희　What is *chimaek*?

철수　Are you serious? *Chimaek* is the abbreviation for chicken and *maekju*.

영희　Seriously?? Well, I'm all for it!

---

＊ How about ~? ~는 어때? Ｉ after work 퇴근 후에 Ｉ Are you serious? 진심이야? (위 대화에서는 정말로 몰라서 묻느냐는 의미) Ｉ abbreviation 축약형

[ 천천히 1번~ 실제 속도로 2번~ ]

철수　How about some *chimaek* after work?

오늘 퇴근 후에 치맥 어때?

영희　What is *chimaek*?

치맥이 뭐야?

철수　Are you serious? *Chimaek* is the abbreviation for chicken and *maekju*.

진심? 치킨이랑 맥주 줄여서 치맥이라고 하잖아.

영희　Seriously?? Well, I'm all for it!

그래?? 어쨌든, 난 무조건 콜!

[ 필 충만하게~ 느낌 팍팍 살려~ ]

**넌 지금부터 철수**

 오늘 퇴근 후에 치맥 어때?

영희  What is *chimaek*?

 진심? 치킨이랑 맥주 줄여서 치맥이라고 하잖아.

영희  Seriously?? Well, I'm all for it!


**넌 지금부터 영희**

철수  How about some *chimaek* after work?

 치맥이 뭐야?

철수  Are you serious? *Chimaek* is the abbreviation for chicken and *maekju*.

 그래?? 어쨌든, 난 무조건 콜!

# 7 | 불금이다!

mp3듣기

 일단 한번 도전 우리말을 보면서 영어로 할 말을 떠올려 보세요.  07-1.mp3

영희　　어이, 별일 없어?

철수　　별거 없어. 그날이 그날이지 뭐.

영희　　**한잔 하러 갈래? 불금이잖아!**

철수　　완전 좋지!

# 한잔 하러 갈래? 불금이잖아!

"한잔 하러 갈래?"는 be up for(~할 기분이다, ~하고 싶다, ~하는 것을 찬성하다)란 표현을 써서 Are you up for a drink? 하면 됩니다. drink 대신 beer나 pint(영국식 표현)를 쓰면 "맥주 한잔 할까?"가 되죠. 이에 대해 완전 좋아하며 "나도 같이 갈래!" "나도 같이 할래!" "나도 같이 먹을래!" 등 적극적으로 참여 의사를 밝힐 땐 Count me in! 한 마디로 "나도 끼워줘." "나도 낄래."라는 의미이죠. 우리말의 '불금(불타는 금요일)'에 해당하는 말은 TGIF(Thank God It's Friday!의 줄임말)입니다.

요렇게 말했어 ★★★    실제 대화에서는 어떻게 말하는지 눈으로 확인하세요.    ∩ 07-2.mp3

영희    Hey, what's up?

철수    Nothing really. Just another day.

영희    Are you up for a drink? TGIF!

철수    Count me in!

---

\* just another day (어느 때와 다름없이) 그서 그렇고 그런 평범한 날

43

영희 ## Hey, what's up?

어이, 별일 없어?

철수 ## Nothing really. Just another day.

별거 없어. 그날이 그날이지 뭐.

영희 ## Are you up for a drink? TGIF!

한잔 하러 갈래? 불금이잖아!

철수 ## Count me in!

완전 좋지!

넌 지금부터 영희      [ 필 충만하게~ 느낌 팍팍 살려~ ]

 어이, 별일 없어?

철수  Nothing really. Just another day.

 한잔 하러 갈래? 불금이잖아!

철수  Count me in!

넌 지금부터 철수

영희  Hey, what's up?

 별거 없어. 그날이 그날이지 뭐.

영희  Are you up for a drink? TGIF!

 완전 좋지!

**8** | # 좀 알딸딸해.

mp3듣기

**일단 한번 도전** ★

우리말을 보면서 영어로 할 말을 떠올려 보세요.    ∩ 08-1.mp3

철수    **좀 알딸딸하네. 그만 가야겠다.**

영희    음주운전하면 안 돼.

철수    나 별로 안 취하긴 했는데.

영희    나도 지금 나갈 거야. 차로 데려다 줄게.

# 좀 알딸딸하네.

tipsy는 술이 살짝 취해서 알딸딸하니 기분이 살짝 업되어 있는 상태를 나타내는 형용사예요. 그래서 "술이 살짝 오르네." "좀 알딸딸하네."라고 할 때는 I feel a little tipsy.라고 하죠. 모임에서 '그만 가봐야겠다'며 중간에 자리를 뜰 때는 I should get going. 하면 돼요. 아니면 요렇게 말해도 되죠. I need to go. / I should go. / I better get going. / I should head out. / I'm gonna hit the road.

**요렇게 말했어** 실제 대화에서는 어떻게 말하는지 눈으로 확인하세요. 🎧 08-2.mp3

철수   I feel a little tipsy. I should get going.

영희   You should not drink and drive.

철수   I'm not that drunk.

영희   I'm gonna head out, too. Let me drive you home.

---

＊ drink and drive 음주운전을 하다 ｜ not that drunk 그렇게 취한 거 아니 (여기서 that은 '그럴 정도로'라는 의미의 부사) ｜ head out 나가다

47

[ 천천히 1번~ 실제 속도로 2번~ ]

철수
## I feel a little tipsy. I should get going.
좀 알딸딸하네. 그만 가야겠다.

영희
## You should not drink and drive.
음주운전하면 안 돼.

철수
## I'm not that drunk.
나 별로 안 취하긴 했는데.

영희
## I'm gonna head out, too. Let me drive you home.
나도 지금 나갈 거야. 차로 데려다 줄게.

[ 필 충만하게~ 느낌 팍팍 살려~ ]

**넌 지금부터 철수**

 좀 알딸딸하네. 그만 가야겠다.

영희 You should not drink and drive.

 나 별로 안 취하긴 했는데.

영희 I'm gonna head out, too. Let me drive you home.

**넌 지금부터 영희**

철수 I feel a little tipsy. I should get going.

 음주운전하면 안 돼.

철수 I'm not that drunk.

 나도 지금 나갈 거야. 차로 데려다 줄게.

# 9 | 너무 뻔하잖아.

mp3듣기

우리말을 보면서 영어로 할 말을 떠올려 보세요.

🎧 09-1.mp3

| 영희 | 이 파티는 별로다. 나 갈래. |
| --- | --- |
| 철수 | 나도. 어떻게 나가지? |
| 영희 | 그냥 내가 아프다고 할게. |
| 철수 | **너무 뻔하잖아.** 다른 아이디어 내봐. |

# 너무 뻔하잖아.

'뻔한 말, 식상한 멘트'는 cliché로 간단히 표현할 수 있어요. It sounds cliché. (진부하네.), This movie was so cliché.(이 영화 뻔한 내용이구나.)처럼요. "(방금 네가 말한 그거 별로니까) 다른 아이디어 말해봐."라고 하려면 Give me a different idea.보다 더 자연스럽게 들릴 수 있는 표현 Try something else.를 알아두세요.

요렇게 말했어
★ ★ ★

실제 대화에서는 어떻게 말하는지 눈으로 확인하세요.  🎧 09-2.mp3

영희  This party sucks. I'm gonna head out.

철수  Me too. How do we want to play this?

영희  I'll pretend to be sick.

철수  That's too cliché. Try something else.

---

\* ~ suck(s) ~는 구리다, 별로다 | head out 떠나다, 나가다 | play 여기서는 '계획을 짜서 실행하다'라는 의미 | pretend to be + 형용사 ~인 척하다

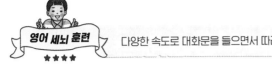
[ 천천히 1번~ 실제 속도로 2번~ ]

영희 **This party sucks. I'm gonna head out.**

이 파티는 별로다. 나 갈래.

철수 **Me too. How do we want to play this?**

나도. 어떻게 나가지?

영희 **I'll pretend to be sick.**

그냥 내가 아프다고 할게.

철수 **That's too cliché. Try something else.**

너무 뻔하잖아. 다른 아이디어 내봐.

〔필 충만하게~ 느낌 팍팍 살려~〕

## 넌 지금부터 영희

 이 파티는 별로다. 나 갈래.

철수   Me too. How do we want to play this?

 그냥 내가 아프다고 할게.

철수   That's too cliché. Try something else.

## 넌 지금부터 철수

영희   This party sucks. I'm gonna head out.

 나도. 어떻게 나가지?

영희   I'll pretend to be sick.

 너무 뻔하잖아. 다른 아이디어 내봐.

# 10 | 내가 제일 먼저 도착할 거야.

 mp3듣기

 우리말을 보면서 영어로 할 말을 떠올려 보세요.     🎧 10-1.mp3

철수     안녕, 생일 주인공! 선물이야!

영희     아, 뭘 이런 걸 다 샀어. 고마워! 내 생일파티 올 거지?

철수     **당연. 내가 제일 먼저 도착할 거거든.**

영희     길 모르겠으면 전화해.

# 내가 제일 먼저 도착할 거야.

모임에 관한 나의 열정을 보여주기에 좋은 표현이죠? 1등으로 도착한다고 해서 I'll get there first. 하면 어색합니다. '약속장소에 나타나다'는 의미의 show up을 활용해 I'll be the first person to show up.이라고 해주세요. 생일주인공이 남자면 birthday boy, 여자면 birthday girl이라 합니다. 생일 당사자의 나이와 상관없이 사용해도 좋은 표현입니다.

**요렇게 말했어** ★★★  실제 대화에서는 어떻게 말하는지 눈으로 확인하세요.  ∩ 10-2.mp3

철수  What up, birthday girl! This is for you!

영희  Oh, you didn't have to do this. Thank you! You're coming to my party, right?

철수  Of course. I'll be the first person to show up.

영희  Call me if you get lost.

---

* This is for you! 이건 널 위한 거야! (선물 등을 건넬 때 사용하는 표현) ㅣ You didn't have to do this. 안 이래도 되는데. (선물 등을 받을 때 의례적으로 하는 말) ㅣ get lost 길을 잃다

철수    What up, birthday girl! This is for you!

안녕, 생일 주인공! 선물이야!

영희    Oh, you didn't have to do this. Thank you! You're coming to my party, right?

아, 뭘 이런 걸 다 샀어. 고마워! 내 생일파티 올 거지?

철수    Of course. I'll be the first person to show up.

당연. 내가 제일 먼저 도착할 거거든.

영희    Call me if you get lost.

길 모르겠으면 전화해.

〔필 충만하게~ 느낌 팍팍 살려~〕

**넌 지금부터 철수**

---

안녕, 생일 주인공! 선물이야!

영희
Oh, you didn't have to do this. Thank you!
You're coming to my party, right?

당연. 내가 제일 먼저 도착할 거거든.

영희
Call me if you get lost.

**넌 지금부터 영희**

---

철수
What up, birthday girl! This is for you!

아, 뭘 이런 걸 다 샀어. 고마워! 내 생일파티 올 거지?

철수
Of course. I'll be the first person to
show up.

길 모르겠으면 전화해.

## More Expressions 2
# 알코올·파티·관계

# lightweight / heavyweight

'술이 약해서 잘 못 마시는 사람'을 lightweight라고 합니다. 반대로 '술을 엄청 잘 마시는 사람'은 heavyweight라고 하죠.

Let's order one more bottle.
한 병 더 시키자.

Really? You're a **heavyweight**. I'm done.
진짜? 너 술 엄청 잘 마시는구나. 난 그만.

# out of the blue

술을 마시다 보면 난데 없이 많은 일들이 일어날 수 있죠? ^^ '갑자기, 난데 없이'를 out of the blue 혹은 out of nowhere라 합니다.

Was that your ex?
쟤 네 전 여친이었어?

Yeah. She just showed up **out of the blue**.
어. 갑자기 훅 나타난 거 있지.

# blackout drunk

blackout은 '정전'이라는 의미가 있고 I blacked out.이라 하면 "나 기절했어." "정신을 잃었어."라는 뜻이에요. 따라서 blackout drunk는 '머릿속이 정전이 될 정도로 취한, 정신을 잃은 정도로 취한'이란 말이니까, 우리가 흔히 쓰는 '필름 끊기게 취한'에 똑 떨어지는 표현인 거죠.

**Where did you go last night?**
어젯밤에 어디에 갔었어?

**I have no idea. I was blackout drunk.**
전혀 모르겠다. 나 많이 마셔서 필름 완전 끊겼었거든.

# throw a party

'파티를 던지다'라고 해석하면 NO! '파티를 열다', '파티를 주최하다'라는 의미입니다. 엄청 성대하게 파티를 열었다고 하고 싶으면 party 앞에 huge 등의 형용사를 넣어 말하면 돼요.

**Cheolsu threw a huge party last week.**
철수 저번 주에 엄청 크게 파티했어.

**Did you invite yourself again?**
너 또 초대도 안 받고 갔니?

\* invite oneself (초대도 안 했는데) 자기가 자기를 초대하다

# This party is a bust.

bust라는 단어는 굉장히 다양한 의미를 가지고 있어요. '부수다, 망가뜨리다, 고장 내다'라는 뜻 외에 I got busted.라 하면 "나 (걸리면 안 될 혹은 하지 말아야 할 무언가를 하다) 걸렸어." 또, This party is a bust.라 하면 "이 파티 무지 재미없다."

Wanna head out?
나갈까?

Yeah, **this party is a bust.**
어, 이 파티 정말 노잼이다.

# Irish goodbye

'간다는 인사 없이 조용히 사라지는 것'을 Irish goodbye라고 합니다. '조용히 자리를 뜨는 것'이 왜 Irish goodbye라는 명칭을 갖게 되었는지는 다양한 설이 있습니다. "아일랜드 사람들이 술을 많이 마시는 걸로 유명하므로 인사도 못 할 정도로 너무 취해서 그냥 가버리는 것을 Irish goodbye라 한다"가 그 설들 중 하나죠. ^^

This party is boring. Let's say bye and leave.
이 파티 지루하다. 인사하고 가자.

It'll take too long. Let's just do an **Irish goodbye**.
너무 오래 걸릴 것 같은데. 그냥 조용히 가자.

# party pooper

'분위기 망치는 진상'을 party pooper라고 합니다. poop은 '응가', pooper는 '응가 하는 사람'을 뜻하죠. 꼭 파티에서가 아니더라도 좋은 분위기 망치는 사람을 party pooper라고 해요.

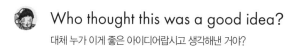

Who thought this was a good idea?
대체 누가 이게 좋은 아이디어랍시고 생각해낸 거야?

Wow. You are such a **party pooper**.
우와. 너 정말 분위기 망치는 진상이다.


# buzzkill

I feel buzzed.는 "나 알딸딸해." 만취 상태가 아닌 기분 좋게 약간 느낌 오는 상태를 말합니다. buzzkill이라 하면 그 기분 좋은 상태를 죽인다는 말이겠지요? 그래서 '분위기 망치는 사건', '분위기 망치는 말', '분위기 망치는 사람'이란 의미로 쓰인답니다.

Should we bring Cheolsu?
철수 데려갈까?

No way. He's a major **buzzkill**.
절대 안 돼. 걔 완전 분위기 망치는 대표주자잖아.

# uninvited guest

'초대하지 않았으나 자기 마음대로 온 사람', 즉 '불청객'을 뜻합니다. unwelcome guest도 흡사한 의미인데요. 꼭 사람뿐만이 아니고 갑자기 닥친 태풍이나 전염병 등을 unwelcome guest라 칭하기도 해요. 앞에 부정관사를 붙여 쓸 때는 an을, 복수로 쓸 때는 guest 뒤에 -s를 붙여 써야 한다는 거, 잘 알고 있죠?

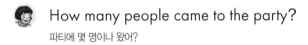

How many people came to the party?
파티에 몇 명이나 왔어?

Fifteen, including **two uninvited guests**.
초대도 안 한 두 명 포함, 열 다섯 명.

# Hit me up.

"전화해~" "연락해~" "통화하자~" 등 다양한 인사를 하며 헤어지죠? 영어 표현에도 Call me. / Give me a call. 등 같은 말을 할 수 있는 여러 가지 방법이 있습니다. 그 중 하나인 Hit me up. 알아두면 굉장히 유용한 표현입니다. "연락해."라는 의미이죠.

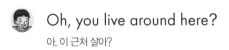

Oh, you live around here?
아, 이 근처 살아?

Yeah! **Hit me up** when you're in the area.
응! 이 동네 오면 나한테 연락해.

## give me the cold shoulder

'나에게 차가운 어깨를 주다' 무슨 말일까요? '나를 모른 척한다, 없는 사람 취급한다, 쌩깐다'는 의미입니다. 기분이 상하거나 다른 어떤 이유로 아는 사람이 모른 척 휙 지나가버리는 경험을 하신 적이 있나요? cold shoulder 앞에 잊지 말고 꼭 the 붙여주세요~!

Cheolsu's been **giving me the cold shoulder** since yesterday.   철수가 어제부터 나 없는 사람 취급해.

What did you do to him?   걔한테 어쨌길래?

## romantic tension

누군가에게 좋아하는 감정이 있고 상대방도 그런 감정을 느끼면 뭔가 로맨틱하고 오묘한 기운이 돌죠? 바로 그것을 romantic tension이라 합니다. 한마디로 '썸 탈 때 생기는 긴장감'이죠. 과도한 음주 후 느끼는 romantic tension은 다음 날 사라질 수 있겠습니다.

They should hurry up and date.
걔네 제발 좀 서둘러서 사귀어 버리면 좋겠어.

I know. I'm so sick of all the **romantic tension** between them.   내 말이. 둘이 썸 타면서 오고 가는 긴장감 진짜 질린다 질려.

\*I'm sick of ~ ~에 질린대[신물이 난다]

mp3듣기

# 11 알람도 못 듣고 계속 잤어.

일단 한번 도전

우리말을 보면서 영어로 할 말을 떠올려 보세요.

🎧 11-1.mp3

## 지옥행 출근열차를 타고!

영희　으아, 또 월요일이네.

철수　내 말이! 주말은 왜 이리 짧은지.

영희　너~~~~무 피곤해.

철수　나도. 아침에 **알람도 못 듣고 계속 잤잖아.**

# 알람도 못 듣고 계속 잤어.

slept through my alarm은 '알람이 울렸는데도 일어나지 못했다'라는 의미. 다들 여러 번 경험해 보셨죠? 요걸 살짝 응용해보면, I slept through the thunderstorm last night.(어젯밤 천둥번개가 친 줄도 모르고 쭉 잤어.) 이런 식으로도 사용하실 수 있겠습니다.

 요렇게 말했어 ★★★   실제 대화에서는 어떻게 말하는지 눈으로 확인하세요.   ♫ 11-2.mp3

영희   Ugh. It's Monday again.

철수   I know! Weekends are too short.

영희   I'm sooooooo tired.

철수   Me too. This morning I slept through my alarm.

* Ugh 이런, 으아, 윽, 우씨 (난처힘이나 힌탄, 역겨움이나 불쾌감 등을 나타내는 소리)

영희  Ugh. It's Monday again.

으아, 또 월요일이네.

철수  I know! Weekends are too short.

내 말이! 주말은 왜 이리 짧은지.

영희  I'm sooooooo tired.

너~~~~무 피곤해.

철수  Me too. This morning I slept through my alarm.

나도. 아침에 알람도 못 듣고 계속 잤잖아.

〔필 충만하게~ 느낌 팍팍 살려~〕

### 넌 지금부터 영희

 으아, 또 월요일이네.

철수   I know! Weekends are too short.

 너~~~~무 피곤해.

철수   Me too. This morning I slept through my alarm.

### 넌 지금부터 철수

영희   Ugh. It's Monday again.

 내 말이! 주말은 왜 이리 짧은지.

영희   I'm sooooooo tired.

 나도. 아침에 알람도 못 듣고 계속 잤잖아.

# 12 | 내일은 회사 째야지.

mp3듣기

우리말을 보면서 영어로 할 말을 떠올려 보세요.  12-1.mp3

철수   날씨 겁나 춥네.

영희   내 말이! 이 날씨 진짜 감당이 안 된다.

철수   내일은 영하 10도래.

영희   안 되겠다. 내일은 회사 째야지.

# 내일은 회사 째야지.

'회사를 째다'는 '건너뛰다'라는 skip을 써서 skip work라고 하면 딱입니다. 이런 경우 '회사'라고 해서 company를 쓰지는 않죠. 그냥 '일'을 뜻하는 work를 쓰세요. 그래서 "내일은 회사 째야지."는 I'll skip work tomorrow. 그리고 "안 되겠다."는 '그런 것은 나한테는 알맞지 않다'라는 의미이니까, That doesn't work for me.라고 하면 됩니다.

요렇게 말했어 ★★★  실제 대화에서는 어떻게 말하는지 눈으로 확인하세요.  ∩ 12-2.mp3

철수  It's freezing!

영희  I know! I can't stand this weather.

철수  It's gonna be 10 degrees below zero tomorrow.

영희  That's not gonna work for me. I'll skip work tomorrow.

---

*freezing 엄청 추운 | can't stand ~을 견딜 수가 없다 | below zero 영하

철수
## It's freezing!
날씨 겁나 춥네.

영희
## I know! I can't stand this weather.
내 말이! 이 날씨 진짜 감당이 안 된다.

철수
## It's gonna be 10 degrees below zero tomorrow.
내일은 영하 10도래.

영희
## That's not gonna work for me. I'll skip work tomorrow.
안 되겠다. 내일은 회사 째야지.

〔필 충만하게~ 느낌 팍팍 살려~〕

### 넌 지금부터 철수

  날씨 겁나 춥네.

영희  I know! I can't stand this weather.

  내일은 영하 10도래.

영희  That's not gonna work for me. I'll skip work tomorrow.

### 넌 지금부터 영희

철수  It's freezing!

  내 말이! 이 날씨 진짜 감당이 안 된다.

철수  It's gonna be 10 degrees below zero tomorrow.

  안 되겠다. 내일은 회사 째야지.

# 13 | 투잡 뛰어야 할 것 같아.

mp3듣기

일단 한번 도전

우리말을 보면서 영어로 할 말을 떠올려 보세요. ∩ 13-1.mp3

영희   요즘 물가가 너무 비싸.

철수   내 말이.

영희   **투잡 뛰어야 할 것 같아.**

철수   에휴, 먹고 살기 참 힘들구만! ㅠㅠ

# 투잡 뛰어야 할 것 같아.

요즘 우리 '투잡'이라는 말 자주 하죠? "난 직업이 두 개야."는 I have two jobs. 라고 합니다. 그러나 "나 투잡 뛰어야겠어."라고 할 때는 I need a second job. 또는 I need to get a second job.이라고 말하죠. 이미 기존 일(job)이 있는 상태에서 두 번째 일, 즉 second job을 얻어야겠다는 의미로 하는 말이니까요. two jobs(두 개의 직업)와 second job(두 번째 직업)을 상황에 맞춰 잘 골라 쓰세요. 하나만 더! "요즘 물가가 너무 비싸."다고 할 때 '물가'라는 말에 너무 골머리 섞지 마세요. 그냥 "요즘 모든 게(Everything) 너무 비싸."다는 맥락으로 말하면 딱 의미가 통하니까요.

요렇게 말했어 ★★★  실제 대화에서는 어떻게 말하는지 눈으로 확인하세요.  🎧 13-2.mp3

영희  Everything is so expensive these days.

철수  I know what you mean.

영희  I think I need to get a second job.

철수  Ugh, it's so hard to make ends meet. ㅠㅠ

---

* I know what you mean. 네 말 무슨 말인지 알아, 내 말이. | It's hard to make ends meet. '끝과 끝을 만나게 하기가 어렵다, 수입과 지출에 균형을 맞추기가 어렵다.' 즉 '먹고 살기 힘들다.'

[ 천천히 1번~ 실제 속도로 2번~ ]

영희 Everything is so expensive these days.

요즘 물가가 너무 비싸.

철수 I know what you mean.

내 말이.

영희 I think I need to get a second job.

투잡 뛰어야 할 것 같아.

철수 Ugh, it's so hard to make ends meet. ㅠㅠ

에휴, 먹고 살기 참 힘들구만! ㅠㅠ

〔 필 충만하게~ 느낌 팍팍 살려~ 〕

**넌 지금부터 영희**

 요즘 물가가 너무 비싸.

철수　I know what you mean.

 투잡 뛰어야 할 것 같아.

철수　Ugh, it's so hard to make ends meet. ㅠㅠ

**넌 지금부터 철수**

영희　Everything is so expensive these days.

 내 말이.

영희　I think I need to get a second job.

 에휴, 먹고 살기 참 힘들구만! ㅠㅠ

# 14 | 배 터질 때까지 막 먹어.

mp3듣기

**일단 한번 도전**

우리말을 보면서 영어로 할 말을 떠올려 보세요.

🎧 14-1.mp3

철수     스트레스 받으면 뭘로 풀어?

영희     **배 터질 때까지 정크 푸드를 막 먹어.**

철수     하하. 스트레스 해소에 그만한 게 없지.

영희     역시 뭘 좀 아네.

# 배 터질 때까지 막 먹어.

pig out이라는 표현 들어보셨나요? pig라는 단어에서 짐작하셨겠지만, '돼지처럼 먹어대다'라는 의미랍니다. 단, 여기서 pig는 '돼지'라는 명사가 아니라, '돼지처럼 먹다'라는 동사죠. 보통 〈pig out on 음식〉의 형태로 '~를 배터질 때까지 마구 먹는다'는 의미로 씁니다. 그리고 I'm with you.는 I agree with you.와 같은 의미랍니다. '나는 너랑 뜻이 맞아.'라는 말이죠.

요렇게 말했어 ★★★ 　실제 대화에서는 어떻게 말하는지 눈으로 확인하세요. 　🎧 14-2.mp3

철수　What do you usually do for stress relief?

영희　I pig out on junk food.

철수　Ha ha. I think that's a great way to relieve stress.

영희　I'm glad you're with me on that.

---

＊ stress relief 스트레스 풀기 ｜ relieve stress 스트레스를 풀다 ｜ I'm glad (that) 주어 + 동사 ~하다니 반갑구만, 기쁘구만

철수    What do you usually do for stress relief?

스트레스 받으면 (보통) 뭘로 풀어?

영희    I pig out on junk food.

배 터질 때까지 정크 푸드를 막 먹어.

철수    Ha ha. I think that's a great way to relieve stress.

하하. 스트레스 해소에 그만한 게 없지.

영희    I'm glad you're with me on that.

역시 뭘 좀 아네.

대화 속 주인공이 되었다고 상상하면서 말해보세요.　🎧 14-4.mp3

[ 필 충만하게~ 느낌 팍팍 살려~ ]

### 넌 지금부터 철수

 스트레스 받으면 뭘로 풀어?

영희　I pig out on junk food.

 하하. 스트레스 해소에 그만한 게 없지.

영희　I'm glad you're with me on that.

### 넌 지금부터 영희

철수　What do you usually do for stress relief?

 배 터질 때까지 정크 푸드를 막 먹어.

철수　Ha ha. I think that's a great way to relieve stress.

 역시 뭘 좀 아네.

79

# 15 | 오늘 뭔 특별한 날이야?

mp3듣기

일단 한번 도전

우리말을 보면서 영어로 할 말을 떠올려 보세요.

🎧 15-1.mp3

영희    점심에 짜장면 먹자.

철수    **오늘 뭔 특별한 날이야?**

영희    오늘 '블랙데이'잖아. 바로 우리 같은 싱글들을 위한 날.

철수    듣고 보니 우울하네.

80

# 오늘 뭔 특별한 날이야?

평소와는 다른 모습이나 상황을 보면 우린 곧잘 "무슨 특별한 날이야?"라고 확인하잖아요. 요럴 때 영어로는 What's the occasion?이라고 해요. What is the reason for doing this?(이것을 하는 이유가 뭐야?)라는 질문과 같은 맥락이지만 What's the occasion?이 더욱 자연스럽게 들리고 간단하죠. 이때 occasion은 '특별한 날, 특별한 행사'라는 의미입니다.

**요렇게 말했어** ★★★  실제 대화에서는 어떻게 말하는지 눈으로 확인하세요. 🎧 15-2.mp3

영희 Let's have *jajangmyeon* for lunch.

철수 What's the occasion?

영희 Today is Black Day. It's a day for singles like us.

철수 That sounds depressing.

---

* a day for ~를 위한 날 | like us 우리 같은 | depressing 우울해지게 만드는

81

영희
## Let's have *jajangmyeon* for lunch.
점심에 짜장면 먹자.

철수
## What's the occasion?
오늘 뭔 특별한 날이야?

영희
## Today is Black Day. It's a day for singles like us.
오늘 '블랙데이'잖아. 바로 우리 같은 싱글들을 위한 날.

철수
## That sounds depressing.
듣고 보니 우울하네.

〔필 충만하게~ 느낌 팍팍 살려~〕

**넌 지금부터 영희**

 점심에 짜장면 먹자.

철수    What's the occasion?

 오늘 '블랙데이'잖아. 바로 우리 같은 싱글들을 위한 날.

철수    That sounds depressing.


**넌 지금부터 철수**

영희    Let's have *jajangmyeon* for lunch.

 오늘 뭐 특별한 날이야?

영희    Today is Black Day. It's a day for singles like us.

 듣고 보니 우울하네.

15-5.mp3

## More Expressions 3
# 직장인의 애환

## Monday blues

blues는 음악 장르 '블루스' 이외에 '우울'이라는 의미가 있어요. 그래서 Monday blues는 '월요일 우울', 곧 '월요병'이라는 뜻이 되겠습니다.

 You alright? You look down.   괜찮아? 기운 없어 보여.

 I'm fine. I just have the **Monday blues**.
괜찮아. 그냥 월요병이야.

## went by in a flash

'눈 깜짝할 사이에 지나갔다, 쏜 살처럼 빨리 지나갔다'는 의미. 주로 시간을 두고 말할 때 애용되는 표현이죠. Time went by in a flash. 하면 "시간이 너무 빨리 지났어." 현재형으로 써서 Time always goes by in a flash. 하면 "시간은 항상 쏜 살처럼 흐르잖아." 우리의 주말은 왜 항상 쏜 살일까요?

 How was your vacation?   휴가 어땠어?

 Not long enough. **It went by in a flash.**
충분하게 길지는 않았어. 눈 깜짝 할 사이에 지나가더라.

# talk in circles

circle은 '동그라미', circles는 '동그라미들'. 동그란 쳇바퀴를 반복적으로 돌듯이 같은 얘기를 반복적으로 하는 것을 말하죠. 이 표현의 핵심은 그 반복되는 얘기 속의 요점을 파악하기 어렵다는 것. 즉, '요점 없이 같은 얘기를 반복적으로 하다', '말을 빙빙 돌리다'라는 의미입니다. 직장에 이런 상사 한 분 계시면 삶이 피곤해지죠.

 What did the boss say?  부장이 뭐래?

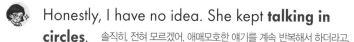 Honestly, I have no idea. She kept **talking in circles**.  솔직히, 전혀 모르겠어. 애매모호한 얘기를 계속 반복해서 하더라고.

# gridlocked

'격자무늬'를 grid라고 하고, locked는 '갇힌'이란 의미죠. 격자무늬 안에 갇힌 상태, 즉 gridlocked는 도로상에서 '차가 심하게 막혀 움직이지 못하는' 상태를 뜻합니다. 교통체증뿐 아니라 생각이나 계획이 더 이상 뻗어나갈 수 없는 꽉 막혀버린 상황에도 gridlocked를 쓸 수 있어요.

 I heard that traffic is **gridlocked** because of an accident.  사고 때문에 차 엄청 막힌대.

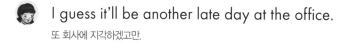 I guess it'll be another late day at the office.  또 회사에 지각하겠고만.

# It's raining cats and dogs.

"비가 엄청 온다."는 의미. 비가 심하게 많이 오면 지붕에 있던 작은 동물들이 물살에 휩쓸려 내려와서 '고양이랑 개가 내린다'라는 말이 생겼다는 것이 수많은 추측들 중 대표적인 하나이죠. 그나저나 폭우나 폭설이 쏟아지면 출근하기 정말 싫죠?

 **It's raining cats and dogs** outside.
밖에 비 엄청 와.

Really? I don't have an umbrella. Can you give me yours? 정말? 나 우산 없는데. 네 거 나 줄래?

# I woke up on the wrong side of the bed.

'침대의 이쪽에서 일어났어야 하는데 저쪽에서 잘못 일어났다'는 말은 시작부터 뭔가 잘못되었다. 즉, 기분이나 컨디션이 별로라는 의미입니다. "나 오늘 기분 별로야." "나 오늘 저기압이야." 정도의 우리말로 옮길 수 있죠. 주어 자리에 제3자를 넣어 짜증이 나 있거나 퉁명스러운 사람을 묘사할 때도 써보세요.

What's wrong with him? 쟤 대체 왜 저래?

I guess **he woke up on the wrong side of the bed**.
기분이 안 좋나 보지.

# swamped

'눈코 뜰 때 없이 바쁜'이라는 의미를 가진 swamped[swampt], 알아두면 참 유용한 단어입니다. 너무나도 과도한 업무에 허우적거리는 이미지를 상상하면 딱이죠. I am swamped with ~라 하면 '~으로 바쁘다'라는 뜻이 되겠습니다.

Wanna come with us for a drink?
우리랑 한잔 하러 같이 갈래?

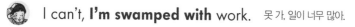

I can't, **I'm swamped with** work.    못 가, 일이 너무 많아.

# down in the dumps

down in the dumps는 depressed와 동일한 의미입니다. '우울한'이란 뜻이죠. I'm down in the dumps.(나 우울해.) I'm depressed.(나 우울해.) 요런 식으로 쓰면 돼요. 회사에서 할 일이 너무 많아도 우울하고, 또 일이 없어 잘릴 위기에 처해 있어도 우울하고, 연애사업이 잘 안 되도 우울하고… 살다 보면 우울할 일 참 많죠? 힘내요 우리 모두! 토닥토닥.

Is Cheolsu ok?    철수 괜찮아?

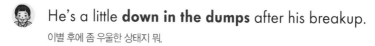

He's a little **down in the dumps** after his breakup.
이별 후에 좀 우울한 상태지 뭐.

＊a little 좀 ∣ breakup (연인과의) 이별

# take one for the team

'다수를 위해 희생하다', 즉 '총대를 메다'는 의미입니다. 이 표현 속 one 에는 특정한 의미가 있는 것이 아닙니다. take one을 '희생하다'로 숙지 하는 것이 올바른 방법입니다.

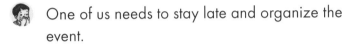 One of us needs to stay late and organize the event.

행사 기획하려면 우리 중 하나는 야근해야 되는데.

Cheolsu! Why don't you **take one for the team** this time?

철수야! 이번에 네가 총대 한번 메지 그래?


# hash out

'해결하다'는 solve, resolve 등 다양한 단어들이 존재합니다. hash out 도 흡사한 표현이지만 약간의 어감 차이가 있어요. hash out은 세부사 항이나 상황 등을 '조목조목 하나씩[차근차근] 해결해 나가다'라는 의미 입니다.

So are we agreed on the date of the party?

그럼 파티 날짜는 우리 동의된 거지?

Yeah, we just need to **hash out** the details.

응, 이제 세부사항들만 결정하면 돼.

# control freak

'(부정적으로) 아주 특이하거나 괴짜스러운 사람'을 freak이라 하는데요,
control(통제, 제어)과 freak을 합쳐서 control freak이라 하면 '자기 뜻대로
하지 않으면 못 견디는 사람', '모든 것을 자기가 원하는 대로만 하려고
하는 사람'을 일컫습니다.

 I can't move a finger without the approval of my
boss.
우리 상사 허락 없이는 손가락 하나도 마음대로 못 움직여.

 Oh, he sounds like a **control freak**.
아, 통제 대마왕인가 보구나.

# Money doesn't grow on trees.

돈이 나무에서 자라면 얼마나 좋을까요? '땅 판다고 돈이 나오지 않는
다'는 말을 영어 표현으로는 '돈은 나무에서 자라지 않는다'는 식으로 말
해요.

 Get the cheaper one. **Money doesn't grow on
trees.**
더 저렴한 것으로 사. 땅 파서 돈 나오는 게 아니니까.

 Neither does dignity. This one is classier.
품위도 땅 파면 안 나와. 이게 훨씬 고급스럽잖아.

# 16 | 망했다.

mp3듣기

일단 한번 도전

우리말을 보면서 영어로 할 말을 떠올려 보세요.

🎧 16-1.mp3

철수    말하는 내내 버벅거렸어.

영희    그만하면 꽤 잘한 것 같은데.

철수    엄청 떨렸어. 아… **망했다.**

영희    아, 왜 이래~ 잘했다니까.

# 망했다.

컴퓨터에 열심히 작업한 게 다 날아갔다거나, 면접 날 아침에 늦게 일어나버렸다거나, 이런 경우에는 "망했다!"가 저절로 입 밖으로 나오죠? 요럴 때는 I blew it.이라고 말하며 한숨을 쉬어보세요. '내가 그것을 날려버렸다' 즉 "망했다!"라는 의미니까요. 동일한 의미로 I bombed.(나 최악이었어.) It was an utter failure.(그것은 완전 실패였어.) It crashed and burned.(그것은 추락한 후 불타버렸어. – 최악으로 엉망진창이었다는 뜻)

**요롷게 말했어** ★★★ 실제 대화에서는 어떻게 말하는지 눈으로 확인하세요. ♩ 16-2.mp3

철수 I stuttered throughout the entire speech.

영희 I thought it went pretty well.

철수 I got so nervous. Ah... I blew it.

영희 Oh, come on. You were great.

---

\* stutter 말을 더듬는 등 버벅거리다 | throughout ~ 내내 | go (pretty) well (꽤, 아주) 잘 진행되다 | nervous 초조한, 긴장한 | come on 왜 그래, 그러지 마

91

[ 천천히 1번~ 실제 속도로 2번~ ]

철수 I stuttered throughout the entire speech.

말하는 내내 버벅거렸어.

영희 I thought it went pretty well.

그만하면 꽤 잘한 것 같은데.

철수 I got so nervous. Ah... I blew it.

엄청 떨렸어. 아… 망했다.

영희 Oh, come on. You were great.

아, 왜 이래~ 잘했다니까.

〔 필 충만하게~ 느낌 팍팍 살려~ 〕

### 넌 지금부터 철수

 말하는 내내 버벅거렸어.

영희   I thought it went pretty well.

 엄청 떨렸어. 아… 망했다.

영희   Oh, come on. You were great.

### 넌 지금부터 영희

철수   I stuttered throughout the entire speech.

 그만하면 꽤 잘한 것 같은데.

철수   I got so nervous. Ah... I blew it.

 아, 왜 이래~ 잘했다니까.

# 17 바로 본론으로 들어가죠.

 mp3듣기

 우리말을 보면서 영어로 할 말을 떠올려 보세요.  🎧 17-1.mp3

영희   우리 회의시간이 거의 끝나가네요.

부장   시간이 얼마나 남았죠?

영희   어… 10분 정도 남았네요.

부장   알겠습니다. **바로 본론으로 들어가서** 비용에 대해
        얘기할게요.

# 바로 본론으로 들어가죠.

상대방이 한참 무슨 이야기를 하는데, "본론으로 들어갑시다."라고 던지면, 듣는 사람이 살짝 서운하겠죠? 그래서 Let's cut to the chase.는 본인이 얘기할 차례인 경우, 이것저것 다 빼고, 즉 각설하고 "본론으로 들어가겠습니다."라는 어감으로 말할 때 안성맞춤이죠.

요렇게 말했어 ★★★  실제 대화에서는 어떻게 말하는지 눈으로 확인하세요.  ∩ 17-2.mp3

영희  Our meeting is almost up.

부장  How much time do we have left?

영희  Let's see... We have about 10 minutes.

부장  Okay. Let's cut to the chase and talk about the cost.

---

\* 행사 is (almost) up. ~시간이 (거의) 나 났다. (Time's up. 시간이 다 됐다.) | Let's see. 어디 보자.

영희   Our meeting is almost up.

우리 회의시간이 거의 끝나가네요.

부장   How much time do we have left?

시간이 얼마나 남았죠?

영희   Let's see... We have about 10 minutes.

어⋯ 10분 정도 남았네요.

부장   Okay. Let's cut to the chase and talk about the cost.

알겠습니다. 바로 본론으로 들어가서 비용에 대해 얘기할게요.

[ 필 충만하게~ 느낌 팍팍 살려~ ]

## 넌 지금부터 **영희**

 우리 회의시간이 거의 끝나가네요.

부장 How much time do we have left?

 어… 10분 정도 남았네요.

부장 Okay. Let's cut to the chase and talk about the cost.

## 넌 지금부터 **부장**

영희 Our meeting is almost up.

 시간이 얼마나 남았죠?

영희 Let's see... We have about 10 minutes.

 알겠습니다. 바로 본론으로 들어가서 비용에 대해 얘기할게요.

# 18 | 마음에 두고 있는 사람 있어?

mp3듣기

일단 한번 도전

우리말을 보면서 영어로 할 말을 떠올려 보세요.　🎧 18-1.mp3

내 안에 너 있다

영희　마지막 면접이었어.

철수　마음에 두고 있는 사람 있어?

영희　두 어명. 하룻밤 생각해보고 내일 결정하려고.

철수　결정하면 알려줘.

# 마음에 두고 있는 사람 있어?

Do you have anyone in mind?로 간단히 표현할 수 있어요. 마음에 두고 있는 이성에 대해서 물어볼 때도, 면접 후 채용하고 싶은 지원자가 있는지 물어볼 때도 쓸 수 있죠. 여기서 have ~ in mind는 '~을 마음에 두다, 염두에 두다' 란 의미.

**요렇게 말했어** ★★★  실제 대화에서는 어떻게 말하는지 눈으로 확인하세요.  ∩ 18-2.mp3

영희  That was my last interview.

철수  Do you have anyone in mind?

영희  I have a couple. I'm gonna sleep on it and decide tomorrow.

철수  Let me know when you make your decision.

---

\* I'm gonna sleep on it. (당장 결정하기보다 생각할 시간이 좀 필요할 때) 하룻밤 생각해볼게. ㅣ let me know 나한테 알려줘 ㅣ make a decision 결정하다

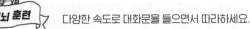
영희　That was my last interview.

마지막 면접이었어.

철수　Do you have anyone in mind?

마음에 두고 있는 사람 있어?

영희　I have a couple. I'm gonna sleep on it and decide tomorrow.

두 어명. 하룻밤 생각해보고 내일 결정하려고.

철수　Let me know when you make your decision.

결정하면 알려줘.

[ 필 충만하게~ 느낌 팍팍 살려~ ]

## 넌 지금부터 영희

 마지막 면접이었어.

철수  Do you have anyone in mind?

 두 어명. 하룻밤 생각해보고 내일 결정하려고.

철수  Let me know when you make your decision.

## 넌 지금부터 철수

영희  That was my last interview.

 마음에 두고 있는 사람 있어?

영희  I have a couple. I'm gonna sleep on it and decide tomorrow.

 결정하면 알려줘.

# 19 | 쓰던 이메일만 마무리하고.

mp3듣기

우리말을 보면서 영어로 할 말을 떠올려 보세요.

🎧 19-1.mp3

철수     우리 점심 먹으러 갈 건데. 시간 돼?

영희     응. 쓰던 이메일만 마무리하고.

철수     12시 5분 전이야. 빨리! 시간 없다고.

영희     금방 갈게.

# 쓰던 이메일만 마무리하고.

동료와 약속했는데 이메일이 애매하게 남았을 때 요긴하게 쓸 수 있어요. wrap은 '싸다, 포장하다'는 뜻인데 wrap up 하면 '하던 일을 마무리 짓거나 끝낸다'는 의미가 됩니다. '나 마무리 좀 할게(Let me just wrap up) 내가 쓰던 이메일(this email I'm writing)' 어렵지 않죠? 참고로, "지금 하는 일 마무리 좀 할게."라 말하고 싶다면 Let me just wrap up what I'm doing.

**요렇게 말했어** ★★★  실제 대화에서는 어떻게 말하는지 눈으로 확인하세요.  ∩ 19-2.mp3

철수  We're going for lunch. Are you free?

영희  Yup. Let me just wrap up this email I'm writing.

철수  It's five to twelve. Come on! Time is ticking.

영희  Be there in just a sec.

---

* five to twelve 12시 5분 전 | Time is ticking. '시계가 째깍째깍 소리를 내고 있다', 즉 '시간이 흐르고 있다, 시간이 없다' | in just a sec 금방 (sec은 second(초)의 축약어)

103

[천천히 1번~ 실제 속도로 2번~]

철수  **We're going for lunch. Are you free?**

우리 점심 먹으러 갈 건데. 시간 돼?

영희  **Yup. Let me just wrap up this email I'm writing.**

응. 쓰던 이메일만 마무리하고.

철수  **It's five to twelve. Come on! Time is ticking.**

12시 5분 전이야. 빨리! 시간 없다고.

영희  **Be there in just a sec.**

금방 갈게.

접신 롤플레이 ★★★★★ 대화 속 주인공이 되었다고 상상하면서 말해보세요. 🎧 19-4.mp3

[ 필 충만하게~ 느낌 팍팍 살려~ ]

---

**넌 지금부터 철수**

 우리 점심 먹으러 갈 건데. 시간 돼?

영희 Yup. Let me just wrap up this email I'm writing.

 12시 5분 전이야. 빨리! 시간 없다고.

영희 Be there in just a sec.

---

**넌 지금부터 영희**

철수 We're going for lunch. Are you free?

 응. 쓰던 이메일만 마무리하고.

철수 It's five to twelve. Come on! Time is ticking.

 금방 갈게.

# 20 | 살살 해.

mp3듣기

일단 한번 도전 ★

우리말을 보면서 영어로 할 말을 떠올려 보세요.    🎧 20-1.mp3

쉬엄 쉬엄 하게

할 말 하않

| | |
|---|---|
| 철수 | 나 완전 과부하 상태야. |
| 영희 | 진짜 스트레스 받아 보인다. |
| 철수 | 나 살아남지 못할지도 몰라. |
| 영희 | **살살 해.** |

# 살살 해.

동료가 I'm overloaded.(나 완전 과부하 상태야.)라고 불평하는 경우가 가끔 있죠? 그럴 때는 Go easy on yourself.(쉬엄쉬엄 해. 살살 해.)라고 하는 것이 제일 좋습니다. Take it easy.나 Slow down.이라고 해도 좋고요. 다 "살살 해."라는 의미거든요. 그냥 통째 입에 배게 익혀두세요! 여유가 넘치는 낭만적인 표현 하나 더! Stop and smell the roses.(멈춰서 장미향 좀 맡아라.) 참 예쁜 표현이죠? ⌃⌃

**요렇게 말했어** ★★★   실제 대화에서는 어떻게 말하는지 눈으로 확인하세요.   ∩ 20-2.mp3

철수   I'm overloaded.

영희   You seem really stressed out.

철수   I don't think I'll survive this.

영희   Go easy on yourself.

---

＊ be overloaded 과부하 상태이다 ｜ survive ~에서 살아남다

107

〔천천히 1번~ 실제 속도로 2번~ 〕

철수  I'm overloaded.

나 완전 과부하 상태야.

영희  You seem really stressed out.

진짜 스트레스 받아 보인다.

철수  I don't think I'll survive this.

나 살아남지 못할지도 몰라.

영희  Go easy on yourself.

살살 해.

**넌 지금부터 철수**

〔필 충만하게~ 느낌 팍팍 살려~〕

 나 완전 과부하 상태야.

영희 You seem really stressed out.

 나 살아남지 못할지도 몰라.

영희 Go easy on yourself.

**넌 지금부터 영희**

철수 I'm overloaded.

 진짜 스트레스 받아 보인다.

철수 I don't think I'll survive this.

 살살 해.

## More Expressions 4
# 업무

20-5.mp3

# burning the candle at both ends

초를 양쪽에서 태워대면 빨리 없어져 버리겠죠? 너무 심하게 무리해서
일하는 사람을 두고 '초를 양쪽에서 태우고 있다'라고 표현을 합니다.
candle 앞에 the 잊지 말고 챙겨주세요.

Yeonghui looks exhausted. Is she okay?
영희가 진이 빠져 보이네. 쟤 괜찮은 거야?

I don't think so. She's been **burning the candle at both ends**. 안 괜찮을 듯. 쟤 요즘 정말 쌔빠지게 일하고 있거든.

# screw up

요리를 망치기도 하고 누군가와의 관계를 망칠 수도 있습니다. 발표,
연설, 계약 등 어떤 것이든 망쳤을 때 이 표현을 쓸 수 있어요. '~을 망
치다'는 screw ~ up 혹은 screw up ~입니다.

My interview is in 20 minutes. I'm so nervous.
나 20분 후에 면접이야. 너무 떨려.

I hope you don't **screw up**. 망치지 않길 바란다.

110

# Don't freak out.

함께 있는 누군가가 기겁을 하는 사건이 발생한다면! 기겁하지 말라고 얘기해도 보통 별 도움이 되지는 않지만 그래도 알아두면 좋은 표현 Don't freak out! 기겁하지 마. 이때 freak out은 '기겁하다'는 뜻이에요.

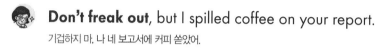

**Don't freak out**, but I spilled coffee on your report.
기겁하지 마. 나 네 보고서에 커피 쏟았어.

Oh, I can just print it out again.
아, 그냥 다시 출력하면 돼.

# look like death

death는 '죽음'이라는 단어인데 짜증난 표정 + 다크써클 + 피부건조 + 창백한 입술 등 이모저모로 상태가 극도로 안 좋아 보인다고 말할 때 〈**누구** look(s) like death〉라 합니다. 아주 친한 사이가 아니라면 직접 말하는 것은 실례가 되겠습니다. 그러나 본인에 대해 말하는 것이라면 편하게 사용해도 되겠어요.

Are you all right?
너 괜찮아?

I **look like death**, right? It's a long story.
나 지금 상태 엄청 메롱이지? 말하자면 좀 길어.

# Get to the point.

"이 프로젝트는 김대리가 맡게."라고 간단히 말하면 될 것을 "자네도 알다시피, 우리 인력이 부족하고… 블라블라~" 이럴 때 부장님께 큰 소리로 외치지는 못하더라도 조용히 속삭여 보세요. Get to the point. "빨리 요점을 말하세요."라는 의미.

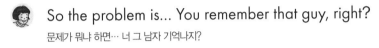 So the problem is... You remember that guy, right?
문제가 뭐냐 하면… 너 그 남자 기억나지?

 Yeah, yeah, **get to the point.**
어, 어, 빨리 요점 말해.

# Keep me posted.

"계속 상황 알려줘." "꾸준히 소식 알려줘."란 의미. 즉, 무언가가 어떻게 진행되는지 최신 정보를 꾸준히 알려달라고 말하고 싶을 때 간단하게 Keep me posted.라 하면 됩니다. Let me know the result. "결과를 알려줘."와는 다른 느낌이죠?

 Hey, **keep me posted** on what happens while I'm gone.
야, 나 가있는 동안 진행 상황 계속 알려줘.

 I'll take care of it. Just enjoy your vacation.
내가 잘 알아서 할게. 그냥 휴가를 즐겨.

# Cut me some slack.

slack은 형용사로 '해이한, 느슨한, 태만한', 명사로 '느슨함'이라는 뜻. 따라서 Cut me some slack. 하면 "나에게 느슨함을 좀 달라.", 즉 "왜 이리 깐깐하게 구냐. 너무 깐깐하게 굴지 말고 나 좀 봐줘라." "작작 좀 하고 나를 좀 편하게 해줘라."라는 의미가 되겠습니다.

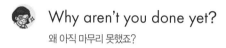

Why aren't you done yet?
왜 아직 마무리 못했죠?

**Cut me some slack.** I've been really busy.
적당히 좀 해주세요. 저 진짜 바빴거든요.

# slacker

slack 뒤에 -er를 붙이면 '게으름 피우는 사람, 태만한 사람'을 의미합니다. 회사 동료 중 slacker 두 어명 있으면 나의 삶이 피곤해지죠.

I don't feel like doing anything today.
나 오늘 아무것도 하고 싶지 않아.

You didn't feel like doing anything yesterday, either. You're such a **slacker**.
너 어제도 아무것도 하고 싶지 않았잖아. 넌 정말 농땡이 대마왕이야.

# We'll cross that bridge when we get there.

"거기에 도착하면 그 다리를 건너자." 즉, 그 다리 건너는 것을 지금부터 걱정하지는 말자는 얘기. 회사 생활뿐 아니라 우리는 살면서 고민하고 걱정해야 하는 요소들이 너무나 많죠. 모든 걱정을 한 번에 해봤자 답 안 나오니까 '그건 그때 가서 생각하는 것' 참 중요한 기술이라 봅니다.

I'm pretty sure Cheolsu is gonna ask you out soon. What are you gonna say?
철수가 분명 너에게 사귀자고 곧 물어볼 거야. 뭐라고 답할 건데?

I don't know. **I'll cross that bridge when I get there.** 몰라. 그건 그때 가서 생각할게.

# put off

벤자민 프랭클린(Benjamin Franklin)이 말했습니다. Don't put off until tomorrow what you can do today. '오늘 할 수 있는 일을 내일로 미루지 말라.' 참 명언이지요. 그런데 이게 말처럼 쉬운가요. 해야 할 일을 항상 제때 하면 좋겠지만 살다 보면 미루게 될 때도 있게 마련입니다. '미루다'는 put off.

Let's **put** this **off** until tomorrow. 우리 이거 내일로 미루자.

Stop being lazy. 게으름 좀 그만 피워.

## spotty connection

통화를 할 때 중간에 뚝뚝 끊기거나 와이파이가 됐다 안 됐다 할 때가
있습니다. 그런 '불규칙적인 연결 상태'를 spotty connection이라 하죠.
더 이상 통화하기 싫을 때에도 We have a spotty connection. Can I
call you back later?(전화가 막 끊겨 들려. 내가 나중에 다시 전화해도 될까?)라고 이용
할 수 있죠.

We have a **spotty connection**. I can't hear you
very well.

연결 상태가 안 좋나 봐. 잘 안 들려.

Oh, really? I can hear you just fine.

아, 그래? 나는 선명하게 잘 들리는데.

## My phone keeps dropping calls.

My phone 내 전화기가 keeps 계속 dropping calls 통화를 떨어뜨
린다. 이 말은 "자꾸 전화가 끊긴다."는 의미입니다. I dropped my
phone. "나 전화기 떨어뜨렸어."와는 아예 다른 표현이에요.

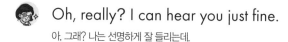

**My phone keeps dropping calls.**

내 전화기 자꾸 끊겨.

Get a better phone.

좀 더 좋은 폰 하나 사지 그래.

# 21 | 와이파이 잘 터진다고 뜨는데.

 mp3듣기

 **일단 한번 도전** 우리말을 보면서 영어로 할 말을 떠올려 보세요. ∩ 21-1.mp3

영희     내 말 들려? 소리가 자꾸 끊기네.

철수     아 그래? 난 잘 들리는데. 인터넷 연결 상태 확인해봤어?

영희     **와이파이 잘 터진다고 뜨는데.**

철수     흠… 인터넷에 다시 연결해보는 게 어때?

# 와이파이 잘 터진다고 뜨는데.

무료 통화나 인터넷 사용을 위해서는 와이파이(wifi)가 필요합니다. "와이파이가 잘 터진다(고 뜬다)"는 말 영어로 뭘까요? '터진다'라는 의미를 가진 pop이나 burst는 정작 이 표현에 사용되지 않아요. '인터넷 연결 표시 막대가 다 차있다'는 뜻으로 I have full (wifi) bars.라고 하면 됩니다. 이때 wifi는 생략해도 상관없죠. The wifi's great. / The wifi's strong. / The wifi's stable. / The wifi's reliable. 모두 같은 의미로 쓸 수 있습니다.

**요렇게 말했어** ★★★ 실제 대화에서는 어떻게 말하는지 눈으로 확인하세요.  ∩ 21-2.mp3

영희 Can you hear me? Your voice is breaking up.

철수 Oh really? I can hear you just fine. Did you check your Internet connection?

영희 I have full wifi bars.

철수 Hmm... Why don't you try reconnecting to the Internet?

---

＊ break up 여기서는 연결 상태가 좋지 않아서 '목소리가 끊긴다'라는 의미 ┃ connection 연결 ┃ reconnect 다시 연결하다

영희
## Can you hear me? Your voice is breaking up.

내 말 들려? 소리가 자꾸 끊기네.

철수
## Oh really? I can hear you just fine. Did you check your Internet connection?

아 그래? 난 잘 들리는데. 인터넷 연결 상태 확인해 봤어?

영희
## I have full wifi bars.

와이파이 잘 터진다고 뜨는데.

철수
## Hmm... Why don't you try reconnecting to the Internet?

흠… 인터넷에 다시 연결해보는 게 어때?

넌 지금부터 **영희** 〔필 충만하게~ 느낌 팍팍 살려~〕

 내 말 들려? 소리가 자꾸 끊기네.

철수 Oh really? I can hear you just fine. Did you check your Internet connection?

 와이파이 잘 터진다고 뜨는데.

철수 Hmm... Why don't you try reconnecting to the Internet?

넌 지금부터 **철수**

영희 Can you hear me? Your voice is breaking up.

 아 그래? 난 잘 들리는데. 인터넷 연결 상태 확인해 봤어?

영희 I have full wifi bars.

 흠… 인터넷에 다시 연결해보는 게 어때?

## 22 | 이번 한 번만 봐주시면 안 될까요?

mp3듣기

**일단 한번 도전** 우리말을 보면서 영어로 할 말을 떠올려 보세요.    🎧 22-1.mp3

팀장    미팅 관련해서 오늘 아침에 나한테 전화 주기로 했잖아.

철수    앗! 까맣게 잊었어요.

팀장    나도 네 승진 관련해서 깜박할까 봐.

철수    진짜 죄송해요. **이번 한 번만 봐주시면 안 될까요?**

# 이번 한 번만 봐주시면 안 될까요?

"한 번만 봐주세요." "이번 한 번만 봐주면 안 돼요?"는 여태까지 살면서 누구나 최소한 한 번은 했을 법한 말이죠? 영어에도 Can you let this one slide? 라는 표현이 있답니다. "이번 것은 미끄러뜨리고 넘어갈 수 없겠냐?", 즉 "한 번만 봐달라."는 의미죠. 실수 자주 하면 안되니까 여러분의 회사생활에서는 되도록 쓸 일이 없길 바랍니다.

요렇게 말했어 ★★★    실제 대화에서는 어떻게 말하는지 눈으로 확인하세요.    🎧 22-2.mp3

팀장    You were supposed to call me about the meeting this morning.

철수    Oops! I completely forgot.

팀장    Maybe I should forget about your promotion.

철수    I'm really sorry. Can you let this one slide?

---

* be supposed to 동사원형 ~하기로 되어 있다 | completely 완전, 아예, 전적으로 | promotion 승진

121

팀장  You were supposed to call me about the meeting this morning.

미팅 관련해서 오늘 아침에 나한테 전화 주기로 했잖아.

철수  Oops! I completely forgot.

앗! 까맣게 잊었어요.

팀장  Maybe I should forget about your promotion.

나도 네 승진 관련해서 깜박할까 봐.

철수  I'm really sorry. Can you let this one slide?

진짜 죄송해요. 이번 한 번만 봐주시면 안 될까요?

[ 필 충만하게~ 느낌 팍팍 살려~ ]

**넌 지금부터 팀장**

미팅 관련해서 오늘 아침에 나한테 전화 주기로 했잖아.

철수  Oops! I completely forgot.

나도 네 승진 관련해서 깜박할까 봐.

철수  I'm really sorry. Can you let this one slide?

**넌 지금부터 철수**

팀장  You were supposed to call me about
the meeting this morning.

앗! 까맣게 잊었어요.

팀장  Maybe I should forget about your promotion.

진짜 죄송해요. 이번 한 번만 봐주시면 안 될까요?

# 23 | 일이 좀 생겼어.

mp3듣기

영희    나 주말 컨퍼런스 못 갈 것 같아.

철수    아, 왜?

영희    **일이 좀 생겨서.** 개인적인 일이야.

철수    아, 그렇구나. 별일 아니어야 할 텐데.

# 일이 좀 생겼어.

느닷없이 일이 생겼을 때 잘 사용하는 표현이 바로 Something came up.입니다. 갑자기 일이 생겨 약속을 지킬 수 없다고 할 때 흔히 사용하죠. 너무나 사적인 일이어서 무슨 일인지 언급하고 싶지 않을 때는 상대가 꼬치꼬치 캐묻기 전에 It's personal.(사적인 일이야.)이라고 선수를 딱~! 깔끔하게 상황 정리됩니다.

요렇게 말했어 ★★★ 　실제 대화에서는 어떻게 말하는지 눈으로 확인하세요.　🎧 23-2.mp3

| | |
|---|---|
| 영희 | I don't think I can make it to the weekend conference. |
| 철수 | Oh, why not? |
| 영희 | Something came up. It's personal. |
| 철수 | Oh, I see. Hope everything is alright. |

---

* make it to ~에 참석하다 | personal 개인적인, 사적인

영희
I don't think I can make it to the weekend conference.

나 주말 컨퍼런스 못 갈 것 같아.

철수
Oh, why not?

아, 왜 (못 가는데)?

영희
Something came up. It's personal.

일이 좀 생겨서. 개인적인 일이야.

철수
Oh, I see. Hope everything is alright.

아, 그렇구나. 별일 아니어야 할 텐데.

[필 충만하게~ 느낌 팍팍 살려~]

## 넌 지금부터 영희

 나 주말 컨퍼런스 못 갈 것 같아.

철수　Oh, why not?

 일이 좀 생겨서. 개인적인 일이야.

철수　Oh, I see. Hope everything is alright.

## 넌 지금부터 철수

영희　I don't think I can make it to the weekend conference.

 아, 왜?

영희　Something came up. It's personal.

 아, 그렇구나. 별일 아니어야 할 텐데.

# 24 | 풍문으로 들었어.

mp3듣기

우리말을 보면서 영어로 할 말을 떠올려 보세요.    🎧 24-1.mp3

김대리    요즘 철수, 사무실에서 자.

이대리    걔 이혼한대.

김대리    정말? 어디에서 들은 거야?

이대리    **풍문으로 들었어.**

# 풍문으로 들었어.

누가 말해줬는지 얘기하기 곤란할 때 "그냥 풍문으로 들었어."라 답하곤 하는데요. '풍문'을 검색해 보면 '바람 구멍', '떠도는 소문'이라 나옵니다. 바람… wind… 영작이 답 안 나오죠. 나에게 얘기해 준 그 누구를 밝힐 수 없을 때, 영어에서는 "작은 새가 말해줬어."라는 식의 표현을 해요. A little birdie(작은 새가) told me(나에게 말했다). 소문의 근원지가 추측 가능하다면 Does the birdie wear glasses? "혹시 그 새, 안경 꼈니?"라고 센스 있게 되물어 보세요.

요롷게 말했어 ★★★ | 실제 대화에서는 어떻게 말하는지 눈으로 확인하세요. 　🎧 24-2.mp3

김대리　Cheolsu has been sleeping at the office.

이대리　I heard he's getting divorced.

김대리　Really? Where did you hear that?

이대리　A little birdie told me.

---

＊ get divorced 이혼하다 ㅣ birdie bird를 조금 더 귀엽게 부르는 말 (귀엽게 말하고 싶은 의사가 전혀 없으면 A little birdie ~기 아니라 그냥 A little bird told me.라고 하면 됨)

[ 천천히 1번~ 실제 속도로 2번~ ]

김대리   Cheolsu has been sleeping at the office.

요즘 철수, 사무실에서 자.

이대리   I heard he's getting divorced.

걔 이혼한대.

김대리   Really? Where did you hear that?

정말? 어디에서 들은 거야?

이대리   A little birdie told me.

풍문으로 들었어.

접신 롤플레이 ★★★★★　　대화 속 주인공이 되었다고 상상하면서 말해보세요.　🎧 24-4.mp3

[ 필 충만하게~ 느낌 팍팍 살려~ ]

## 넌 지금부터 김대리

 요즘 철수, 사무실에서 자.

이대리　I heard he's getting divorced.

 정말? 어디에서 들은 거야?

이대리　A little birdie told me.

## 넌 지금부터 이대리

김대리　Cheolsu has been sleeping at the office.

 걔 이혼한대.

김대리　Really? Where did you hear that?

 풍문으로 들었어.

# 25 | 방금 사표 던졌어.

mp3듣기

우리말을 보면서 영어로 할 말을 떠올려 보세요.　　　🎧 25-1.mp3

## 가자! 백수의 세계로!

철수　　**방금 사표 던졌어.**

영희　　뭐? 후회 안 할 자신 있어?

철수　　이 일이 나한테 너무 부담스러워.

영희　　맥주나 한잔 할까?

# 방금 사표 던졌어.

사직서는 letter of resignation 또는 resignation letter입니다. 던진 거니까 동사 throw를 연상할 수도 있지만 '제출하다'라는 hand in을 써서 I just handed in my resignation letter.라고 표현하는 것이 자연스럽습니다. I submitted a letter of resignation.이라고 표현할 수도 있죠. 어떤 일이 감당이 안 된다, 부담스럽다고 할 땐 〈무엇 is/are too much for me〉로 표현하세요.

**요렇게 말했어** ★★★ 실제 대화에서는 어떻게 말하는지 눈으로 확인하세요. ∩ 25-2.mp3

철수    I just handed in my resignation letter.

영희    What? Are you sure about this?

철수    This job is too much for me.

영희    Wanna grab a beer?

---

* hand in 제출하다 | be sure about ~에 대해서 확신하다 | grab a beer 간단히 맥주 한잔하다

철수 **I just handed in my resignation letter.**

방금 사표 던졌어.

영희 **What? Are you sure about this?**

뭐? (이러고도) 후회 안 할 자신 있어? (확실해?)

철수 **This job is too much for me.**

이 일이 나한테 너무 부담스러워.

영희 **Wanna grab a beer?**

맥주나 한잔 할까?

[ 필 충만하게~ 느낌 팍팍 살려~ ]

### 넌 지금부터 철수

 방금 사표 던졌어.

영희  What? Are you sure about this?

 이 일이 나한테 너무 부담스러워.

영희  Wanna grab a beer?

### 넌 지금부터 영희

철수  I just handed in my resignation letter.

 뭐? 후회 안 할 자신 있어?

철수  This job is too much for me.

 맥주나 한잔 할까?

25-5.mp3

## slip of the tongue

slip은 '미끄러지다'는 뜻으로 동사, 명사로 모두 쓰이는 단어. 따라서 slip of the tongue은 '혀의 미끄러짐'이라는 말인데요, 혀가 미끄러진다는 게 무슨 의미일까요? 의도치 않게 '말실수'를 했다는 뜻이 되겠습니다. 아주 큰, 혹은 잦은 slip of the tongue은 삶을 힘들게 할 수 있으니 혀가 미끄러지지 않게 항상 조심해야 하겠습니다.

 What did you just say?    너 방금 뭐라 그랬어?

 Nothing, nothing. It was a **slip of the tongue**.
아무것도 아냐. 아무것도. 말이 헛나온 거야.

## It slipped my mind.

무언가가 나의 마음에서 미끄러졌다는 것은 "깜빡했다."는 의미입니다. 위의 slip이 명사로 쓰였다면, 여기서는 동사로 쓰였네요.

 Did you take care of the problem?    그 문제는 처리했어요?

 Sorry, **it slipped my mind.**   죄송해요, 깜빡했어요.

# This is on you.

"이것은 네 위에 있다.", 즉 "이것은 너의 책임이다." "네 탓이다."라는 의미. 상황에 따라 다를 수 있겠지만 This is on you.라고 말하는 것보다 This is on me.라고 말하는 것이 속 편하게 사는 방법인 듯 해요. ^^

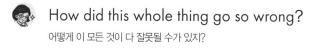

How did this whole thing go so wrong?
어떻게 이 모든 것이 다 잘못될 수가 있지?

I don't know, but **it's** definitely **on you**.
잘은 모르겠지만, 네 탓인 것은 확실해.

\* ~ go(es) wrong ~이 잘못되다

# Mind your own business.

"네 일에나 신경 써." "신경 끄고 너나 잘해."라는 의미. Mind your own business.와 비슷한 표현으로 None of your business.(네가 상관할 일 아냐.)가 있습니다. 후자가 쬐~금 더 못되게 들리긴 하지만 그 말이 그 말이에요.

Let's ask him what happened last night.
어젯밤에 무슨 일이 있었는지 걔한테 물어보자.

Are you that bored? **Mind your own business.**
너 그렇게 심심하니? 네 일이나 잘해.

# break it down

'일일이 쪼개서 설명하다, 상세히 설명하다'를 break it down이라 합니다. 매번 무언가를 break it down해야지만 이해하는 사람과 함께 일하는 것은 쉬운 일이 아니지요.

It's a complicated situation. Let me **break it down** for you.

이게 좀 복잡한 상황이야. 내가 하나하나 자세히 설명해줄게.

No thanks. I'd rather not know the details.

괜찮아. 세부사항은 그냥 내가 모르는 게 나을 것 같아.

# cold-blooded

'차가운 피가 흐르는', 즉 '피도 눈물도 없는' 것을 두고 cold-blooded라고 표현해요. 그래서 감정이 메마르고, 정 없고, 냉정하고 이런 사람을 cold-blooded person이라 하죠. hot-blooded는 cold-blooded의 반대말이 아니에요. hot-blooded는 '마음이 따뜻한, 정이 많은'이 아니고 '혈기왕성한'이라는 의미입니다.

Why should I care?

내가 왜 신경 써야 돼?

Wow. You are so **cold-blooded**.

와. 너는 정말 피도 눈물도 없다.

# high-strung

"식사 하셨어요?"라 물었는데 "그런 건 왜 물어보시는데요?"라 답하는 사람을 high-strung하다고 합니다. 완전 '초특급으로 신경질적인' 거죠. high-strung한 사람과 함께 있을 때에는 살얼음 위를 걷는 것 같은 기분이 들지요. '굉장히 신경질적인, 극도로 긴장한, 아주 예민한'이라는 의미를 가진 단어입니다.

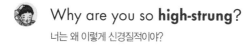 Why are you so **high-strung**?
너는 왜 이렇게 신경질적이야?

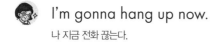 I'm gonna hang up now.
나 지금 전화 끊는다.

\*hang up 전화를 끊다

# call in sick

여기에 in이 왜 들어가지? 전치사 뒤에 형용사가 나와도 되는 건가? 이런 고민을 하다 보면 가까운 미래에 영어가 싫어질지 몰라요. 'Call in sick = 아파서 결근한다고 전화하다', 요렇게 통째로 숙지하세요. 전화하다 call, 전화했다 called, 이 정도만 유의해서 말하면 되겠습니다.

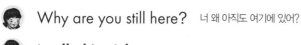 Why are you still here?   너 왜 아직도 여기에 있어?

I **called in sick**.   아파서 결근한다고 회사에 전화했어요.

# We have to let you go.

"당신 해고야."에 딱 떨어지는 표현은 You're fired.입니다. 그런데 감정이 격한 상황이 아니라면 이런 식으로 말하는 경우는 잘 없죠. 어차피 결과는 똑같은 것이지만 "우리는 당신을 보내주어야 합니다." We have to let you go.라고 말하면 더욱 부드러운 느낌. 이를 응용해 He was let go.라 하면 "그는 해고 당했다."라는 의미가 되겠습니다.

What happened to Dongsu?
동수 어떻게 된 거야?

Didn't you hear? **He was let go** yesterday.
못 들었어? 걔 어제 잘렸어.


# I'm fed up.

"참을 만큼 참았어." "더 이상은 못 참아."라는 의미. 사표를 내는 대부분의 사람들이 '더 이상은 못 참기 때문'이 아닐까 싶네요. '~을 참을 만큼 참았다'라고 말하고 싶을 때는 I'm fed up with ~라 하면 됩니다.

Why did you quit your job?
왜 회사 그만뒀어?

**I was fed up with** all the ridiculous demands.
터무니 없는 요구들에 지칠 대로 지쳤거든.

# paid vacation

'지불되는 휴가', 즉 말만 들어도 좋은 '유급 휴가'를 paid vacation이라 합니다. 반대말은 '무급 휴가' unpaid vacation이라 하죠.

 How many **paid vacation** days do we get?
우리 유급 휴가는 며칠이나 낼 수 있어?

Not that many.
며칠 안 돼.

# city life / country life

'도시 생활'은 city life, '전원 생활'은 country life라 합니다. 회사 생활을 하다 보면 "나 귀농할까?" 이런 얘기 귀에 못이 박히게 듣습니다. '나 귀 때문에 이비인후과 매달 가야 하는데…' 또 이런 생각이 꼬리에 꼬리를 물다 보면 전원 생활은 먼 얘기가 되어버리죠.

Do you think **city life** is better than **country life**?
도시 생활이 전원 생활보다 낫다고 생각해?

Have you been feeling depressed lately?
너 요즘 우울하니?

\* lately 최근에

# 26 | 집들이 안 해?

mp3듣기

**일단 한번 도전**   우리말을 보면서 영어로 할 말을 떠올려 보세요.   26-1.mp3

영희   **집들이 안 하냐?**

철수   이번 주말에 하려고. 올 거지?

영희   당연하지. 뭐 필요한 거 없어?

철수   글쎄, 여자친구가 필요하긴 한데.

# 집들이 안 해?

'~ 안 해?'라 확인하고 싶을 땐 Aren't you -ing ~? 패턴을 써보세요. '집들이'는 housewarming party이고, '집들이하다'는 동사 have를 써서 have a housewarming party라고 하니까, "집들이 안 해?" 영어로 금세 튀어나오죠? Aren't you having a housewarming party?

**요렇게 말했어** ★★★ 실제 대화에서는 어떻게 말하는지 눈으로 확인하세요.  🎧 26-2.mp3

영희  Aren't you having a housewarming party?

철수  I'm having it this weekend. You're coming, right?

영희  Of course. Do you need anything?

철수  Well, I do need a girlfriend.

---

*I **do** need a girlfriend. I need a girlfriend.(여자친구가 필요해)의 강조형. 유머러스하게 "여자친구가 필요하긴 해."라는 어감으로 사용할 수도 있음

**영희**    Aren't you having a housewarming party?

집들이 안 하냐?

**철수**    I'm having it this weekend. You're coming, right?

이번 주말에 하려고. 올 거지?

**영희**    Of course. Do you need anything?

당연하지. 뭐 필요한 거 없어?

**철수**    Well, I do need a girlfriend.

글쎄, 여자친구가 필요하긴 한데.

〔필 충만하게~ 느낌 팍팍 살려~〕

**넌 지금부터 영희**

 집들이 안 하냐?

철수   I'm having it this weekend. You're coming, right?

 당연하지. 뭐 필요한 거 없어?

철수   Well, I do need a girlfriend.

**넌 지금부터 철수**

영희   Aren't you having a housewarming party?

 이번 주말에 하려고. 올 거지?

영희   Of course. Do you need anything?

 글쎄, 여자친구가 필요하긴 한데.

# 27 | 내 몸이 하나인 게 안타까울 따름.

mp3듣기

일단 한번 도전

우리말을 보면서 영어로 할 말을 떠올려 보세요.

🎧 27-1.mp3

영희    오늘밤에 올 거지?

철수    나는 오늘 늦게까지 일해.

영희    나 대신 일을 선택하겠다고?

철수    **내 몸이 하나인 게 안타까울 따름이네.**

# 내 몸이 하나인 게 안타까울 따름이네.

가고 싶은 장소나 하고 싶은 일이 시간상 둘 이상 겹쳐 있을 때 하는 말이죠. ⟨Too bad 주어 + 동사⟩(~라 유감이다, 안타깝다)에 I can't be in two places at once.(한 번에 두 장소에 있을 수 없다.)를 합쳐서 Too bad I can't be in two places at once.(몸이 한 개라 유감이야, 안타까워.)라고 해요. at once(한 번에) 대신 at the same time(동시에)을 사용해도 좋습니다.

요렇게 말했어 ★★★ 실제 대화에서는 어떻게 말하는지 눈으로 확인하세요. 🎧 27-2.mp3

영희 You're coming tonight, right?

철수 I'll be working late.

영희 You're choosing work over me?

철수 Too bad I can't be in two places at once.

---

* work late 야근하다 | choose A over B B 대신 A를 선택하다

[ 천천히 1번~ 실제 속도로 2번~ ]

영희 **You're coming tonight, right?**

오늘밤에 올 거지?

철수 **I'll be working late.**

나는 오늘 늦게까지 일해.

영희 **You're choosing work over me?**

나 대신 일을 선택하겠다고?

철수 **Too bad I can't be in two places at once.**

내 몸이 하나인 게 안타까울 따름이네.

## 넌 지금부터 영희

[필 충만하게~ 느낌 팍팍 살려~]

 오늘밤에 올 거지?

철수　I'll be working late.

 나 대신 일을 선택하겠다고?

철수　Too bad I can't be in two places at once.

## 넌 지금부터 철수

영희　You're coming tonight, right?

 나는 오늘 늦게까지 일해.

영희　You're choosing work over me?

 내 몸이 하나인 게 안타까울 따름이네.

## 28 | 미리 알려주면 어디 덧나냐?

mp3듣기

**일단 한번 도전** ★

우리말을 보면서 영어로 할 말을 떠올려 보세요.

🎧 28-1.mp3

## 아이고 죄송합니다~

죄생

혀얘

영희    야, 너 또 늦었어!

철수    미안. 차가 엄청 막혀서.

영희    **미리 알려주면 어디 덧나냐?**

철수    진짜 미안해.

# 미리 알려주면 어디 덧나냐?

〈give 누구 a heads-up〉은 어떤 일이 일어나기 전에 누구에게 미리 귀띔해 주거나 경고할 때 쓸 수 있는 표현. 따라서 무슨 일인지 "미리 말해줄 수 있어?"라고 묻고 싶을 땐 Can you give me a heads-up? "미리 알려줄 수는 없었니?"라고 따질 때는 Couldn't you give me a heads-up? 이보다 좀 더 공격적으로 따질 때는 You couldn't give me a heads-up?이라고 말하면 돼요.

**요렇게 말했어**
★★★

실제 대화에서는 어떻게 말하는지 눈으로 확인하세요.　🎧 28-2.mp3

영희　Hey, you're late again!

철수　Sorry. Traffic was horrible.

영희　You couldn't give me a heads-up?

철수　I'm really sorry.

\* traffic 교통, 교통량 ｜ horrible 끔찍한, 엄청나게 좋지 않은

영희 **Hey, you're late again!**

야, 너 또 늦었어!

철수 **Sorry. Traffic was horrible.**

미안. 차가 엄청 막혀서.

영희 **You couldn't give me a heads-up?**

미리 알려주면 어디 덧나냐?

철수 **I'm really sorry.**

진짜 미안해.

[ 필 충만하게~ 느낌 팍팍 살려~ ]

### 넌 지금부터 영희

 야, 너 또 늦었어!

철수  Sorry. Traffic was horrible.

 미리 알려주면 어디 덧나냐?

철수  I'm really sorry.

### 넌 지금부터 철수

영희  Hey, you're late again!

 미안. 차가 엄청 막혀서.

영희  You couldn't give me a heads-up?

 진짜 미안해.

mp3듣기

# 29 | 나한테 뭐 해줄 건데?

**일단 한번 도전** ★  우리말을 보면서 영어로 할 말을 떠올려 보세요.  🎧 29-1.mp3

영희     너 훈이 피규어 망가뜨렸네!

철수     이런! 도로 갖다 둬야지. 넌 아무것도 못 본 거야.

영희     **나한테 뭐 해줄 건데?**

철수     4달러. 그 이상은 안 돼.

# 나한테 뭐 해줄 건데?

친구가 나에게 무언가를 부탁할 때 "그래서 내가 얻는 이익이 뭔데?" "그럼 넌 나한테 뭐 해줄 거야?"라고 묻고 싶다면 What's in it for me?(그 안에 나를 위한 건 뭐야?)를 기억하세요. "이 이상의 돈은 절대 줄 수 없다!"고 말하고 싶을 땐 Not a penny more.(1센트도 더 줄 수 없어.) Not a dime more.(10센트도 더 줄 수 없어.) Not a dollar more.(1달러도 더 줄 수 없어.) 아무거나 사용해도 자연스럽습니다.

요렇게 말했어 ★★★ 　실제 대화에서는 어떻게 말하는지 눈으로 확인하세요. 　🎧 29-2.mp3

영희　You just broke Hun's action figure!

철수　Oh no! I'll just put it back. You didn't see anything.

영희　What's in it for me?

철수　4 dollars. Not a penny more.

---

＊action figure 피규어 ｜ put ~ back ~를 도로 갖다 놓다 ｜ not a penny more 그 이상은 한 푼도 더 못 줘 (penny는 cent와 같은 말)

영희 **You just broke Hun's action figure!**

너 훈이 피규어 망가뜨렸네!

철수 **Oh no! I'll just put it back. You didn't see anything.**

이런! 도로 갖다 둬야지. 넌 아무것도 못 본 거야.

영희 **What's in it for me?**

나한테 뭐 해줄 건데?

철수 **4 dollars. Not a penny more.**

4달러. 그 이상은 안 돼.

[ 필 충만하게~ 느낌 팍팍 살려~ ]

### 넌 지금부터 영희

 너 훈이 피규어 망가뜨렸네!

철수  Oh no! I'll just put it back. You didn't see anything.

 나한테 뭐 해줄 건데?

철수  4 dollars. Not a penny more.

### 넌 지금부터 철수

영희  You just broke Hun's action figure!

 이런! 도로 갖다 둬야지. 넌 아무것도 못 본 거야.

영희  What's in it for me?

 4달러. 그 이상은 안 돼.

# 30 | 싫음 말든가.

mp3듣기

**일단 한번 도전** 우리말을 보면서 영어로 할 말을 떠올려 보세요. 🎧 30-1.mp3

영희   4달러? 음… 생각 좀 해보고.

철수   **싫음 말든가.** 5초 안에 결정해.

영희   야, 야. 뭐가 이렇게 급해?

철수   하나… 둘… 셋…

# 싫음 말든가.

Take it or leave it.을 직역하면 '갖든지 그냥 두든지.'이지만, 실제 어감은 '하든지 말든지, 싫으면 말고, 할지 안 할지 빨리 결정해'입니다. 자주 쓰는 표현이니까, 입과 귀에 꼭꼭 입력해두기! 누가 자꾸 서두르면 What's the rush? 혹은 What's the hurry?라고 합니다. "뭐가 그렇게 급하냐?"는 말이죠. 앞서 나온 Stop and smell the roses.(멈춰서 장미향 좀 맡아라.)도 같은 상황에 쓸 수 있겠네요.

요롷게 말했어 ★★★  실제 대화에서는 어떻게 말하는지 눈으로 확인하세요.  🎧 30-2.mp3

영희  4 dollars? Hmm... Let me think about it.

철수  Take it or leave it. You have five seconds to decide.

영희  Hey, hey. What's the rush?

철수  One... two... three...

---

＊Let me think about it. '나로 하여금 그것에 대해서 생각해보게 해달라' 즉 '내가 생각 좀 해보고.'

영희   4 dollars? Hmm... Let me think about it.

4달러? 음… 생각 좀 해보고.

철수   Take it or leave it. You have five seconds to decide.

싫음 말든가. 5초 안에 결정해.

영희   Hey, hey. What's the rush?

야, 야. 뭐가 이렇게 급해?

철수   One... two... three...

하나… 둘… 셋…

[ 필 충만하게~ 느낌 팍팍 살려~ ]

**넌 지금부터 영희**

 4달러? 음… 생각 좀 해보고.

철수 Take it or leave it. You have five seconds to decide.

 야, 야. 뭐가 이렇게 급해?

철수 One... two... three...

**넌 지금부터 철수**

영희 4 dollars? Hmm... Let me think about it.

 싫음 말든가. 5초 안에 결정해.

영희 Hey, hey. What's the rush?

 하나… 둘… 셋…

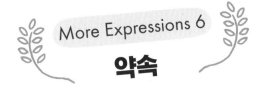

# 약속

## Be on time.

on time은 '제시간에, 정각에, 시간을 어기지 않고'라는 의미이고, Be on time.이라 말하면 "시간 맞춰 와." "늦으면 안 돼."라는 뜻입니다.

> This is really important, so please **be on time.**
> 이거 정말 중요한 거니까 제발 늦지 마.

> You know me. **I'm** always **on time.**
> 나 알면서. 나 항상 시간약속 잘 지키잖아.

## running late

running이 들어가 있어서 '늦어서 뛰고 있는 중'이라 생각할 수 있겠지만 아닙니다. 그냥 '늦는 중'을 running late이라고 해요.

> Where are you?
> 어디야?

> Sorry, I'm **running late.** I'll be there in 5 minutes.
> 미안, 나 좀 늦어. 5분 안에 도착할게.

\* in 5 minutes 5분 후에 (말하고 있는 시점을 기준으로 얼마 '후에'라고 할 때 in을 씀)

# stickler

까다롭게 느껴질 정도로 '엄격한 사람'을 의미합니다. '~에 있어 까다로운 사람, 엄격한 사람'은 a stickler for ~라 하면 되죠. 따라서 '시간 약속에 아주 엄격한 사람'은 a stickler for punctuality.

Tell me about the new team manager.
새로 온 팀장에 대해 말해줘 봐.

He is a **stickler** for punctuality.
시간 엄수에 있어 되게 엄격해.

# He stood me up.

직역하면 "걔가 나를 서 있게 했어." 그러나 사실 서 있고 앉아 있고는 전혀 관련 없고요, He stood me up. "그가 나를 바람 맞혔어."라는 의미입니다.

How was your date last night?
어젯밤 데이트 어땠어?

There was no date. **He stood me up.**
데이트 없었어. 걔가 나 바람 맞혔거든.

# Can I take a rain check?

rain check은 비가 많이 와서 공연이나 경기가 취소되었을 때 다음 기회에 사용할 수 있도록 주는 티켓입니다. 초대에 응할 수 없거나, 응하기 싫은데 싫다고는 못할 때 No, thank you.(고맙지만 됐어요.)는 좀 냉정하게 들릴 수 있잖아요? 친절하게 거절할 때 사용하면 좋은 표현입니다. I'll take a rain check.(다음을 기약할게요.)이라고 해도 좋습니다.

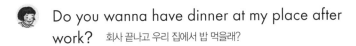

Do you wanna have dinner at my place after work? 회사 끝나고 우리 집에서 밥 먹을래?

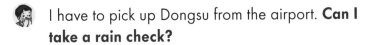

I have to pick up Dongsu from the airport. **Can I take a rain check?**

나 공항에 동수 데리러 가야 해서. 다음을 기약해도 될까?

# be dressed to kill

죽이려고 차려 입었대요. 우리말로 풀이를 하니 좀 무섭게 들리는데, 영어권 나라에서는 빈번히 쓰이는 표현입니다. '작정하고 삐까뻔쩍하게 차려 입은' 모습을 의미하는 표현이죠.

Wow, you **are dressed to kill**. 우와, 엄청 차려 입었네.

What are you talking about? This is my mom's T-shirt. 뭔 소리야? 이거 우리 엄마 티셔츠야.

## empty promise

싫어하는 애랑 길 가다 만났는데 할 말 없고 어색해서 "언제 밥 한번 먹자." 이런 거 있죠? 이런 것을 두고 empty promise라 합니다. '지킬 생각 없는 약속', '빈 말로 하는 약속'을 의미하죠.

 Stop making **empty promises**.
지킬 생각도 없는 약속들 좀 그만해.

 Do you really think that's the kind of person I am?
너 정말 내가 그런 부류의 사람이라고 생각하니?

\*make a promise 약속을 하다

## man of his word / woman of her word

'말한 대로 지키는 사람, 신뢰할 수 있는 사람'을 칭하는 말입니다. 이렇게 불리우기 위해서는 노력과 시간이 필요하겠죠?

 He really came?
걔 진짜 왔다고?

 Of course. He's a **man of his word**.
물론이지. 걔 약속한 것은 칼 같이 지키는 사람이야.

# Birds of a feather flock together.

---

flock은 명사로 동물의 '무리, 떼'라는 의미이고 동사로는 '모이다, 모여들다'입니다. '같은 깃털의 새들이 함께 모인다', 즉 취향이나 성향 등이 흡사한 사람들끼리 어울린다는 말이죠. 우리 속담에 "유유상종이다."라는 말 있죠? 바로 거기에 딱 떨어지는 영어 표현입니다.

 I met your friend Dongsu yesterday. What a great guy! 나 어제 네 친구 동수 만났어. 걔 진짜 애가 괜찮더라!

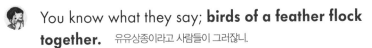 You know what they say; **birds of a feather flock together.** 유유상종이라고 사람들이 그러잖니.

# around the clock

---

'24시간 내내'라는 의미. 우리나라를 방문하는 외국인들이 가장 신기해하는 것 중 하나가 24시간 영업하는 식당, PC방, 사우나, 당구장 등입니다. "나는 일을 많이 한다."를 "나는 하루종일 일만 해."라고 과장해서 말하기도 하잖아요? 이럴 때에도 사용할 수 있는 표현입니다. I work around the clock!

 This restaurant is probably closed by then.
그때쯤이면 이 식당 문 닫겠지.

This place is open **around the clock.**
이 식당 24시간 영업해.

# in the nick of time

nick은 '아주 작은 틈, 흠'이라는 뜻인데 '시간의 작은 틈 안에'라는 것은 '아슬아슬하게 시간에 맞추어'라는 의미입니다. 비슷한 뜻으로 just in time도 알아두면 유용하겠습니다.

 Did she get there on time?
개 제 시간에 도착했어?

She arrived just **in the nick of time**.
완전 간당간당하게 도착했어.

# like there's no tomorrow

아주 열심히 일하거나 놀 때 '오늘이 마지막 날인 것처럼', '내일이 없는 것처럼'이라는 표현을 쓰곤 합니다. 영어로는 like there's no tomorrow 라 합니다.

Did you have fun last night?
어젯밤 재미있게 놀았어?

My friends and I drank **like there's no tomorrow**.
친구들이랑 마치 내일이 없는 것처럼 마셨어.

# 영어와 10년 넘도록 썸만 타고 있는
# 우리들을 위한 현실 영어 교과서

★ ★ ★
## Real

영어회화? 입이 안 떨어져~

"

## 말문 터진 입이라
## 영어로 거침없이 막 말해요!

"

책장 어디를 펼쳐도
진짜 내가 영어로 하고 싶은 말!
**주구장창 써먹을 수 있는
현실 영어회화.zip**

★ ★ ★
## Fun

영어공부? 지루해서 못 하겠어~

"

## 만화책보다 더 재미있는
## 영어회화 공부!

"

공감 200% 대화와
꿀잼 바른생활 그림의 케미 폭발!
**영어책인 주제에 뭐가 이렇게
재미있게 술술 읽혀?**

★ ★ ★
## With

영어책? 어차피 못 볼 거 안 사~

"

## 3,000명의 학습자와
## 함께 만든 영어회화책!

"

표현 선정부터 완독
학습 설계와 디자인까지!
**학습자들이 직접 공부하며
함께 만들었다.**

www.gilbut.co.kr

**즐거운 영어생활**
3교시 사회생활 영어회화

# 즐거운 영어회화 연습장

제이정 글 | (주)산돌티움 그림

길벗
이지:톡

영어 잘할 수 있는 방법?
Practice makes perfect!
연습만이 유창한 영어로 가는 최선입니다.
알면서도 실천이 어려울 뿐ㅠㅠ
그래서 준비했습니다.

**부담은 빼고 재미는 더한 영어회화 연습장!**
**여기까지 오는 동안 여러분이 만난 표현들을**
**입에 착 붙게 만들어 드리겠습니다.**

차례

영어와 우리말로 막 말해요~

# 영어표현
# 자동암기 카드

입에서 막힘없이 바로 튀어 나와야,
상대가 말할 때 알아들어야 진짜 내 실력!
휴대하기 간편하고 mp3파일까지 들을 수 있는
**암기카드로 언제 어디서나 부담 없이 훈련하세요!**

# 카드 활용법

이 카드는 앞뒤로 활용할 수 있습니다. 앞면은 우리말을 영어로 말하기,
뒷면은 영어 문장의 우리말 뜻 말하기로 구성되어 있습니다.

**(카드 앞면)**

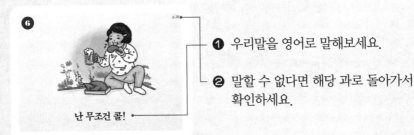

❶ 우리말을 영어로 말해보세요.

❷ 말할 수 없다면 해당 과로 돌아가서 확인하세요.

**(카드 뒷면)**

❸ 영어 표현의 우리말 뜻을 말해보세요.

❹ QR코드를 스캔해서 발음을 확인하세요.(✌️번 반복)

✂ - 절취선을 따라 자르면 휴대하기에 더 좋습니다.

**1** p.12

## 걔 금수저구나!

**2** p.16

## 걔는 도무지 개념이 없어.

콕 찍어 발음 확인

# She was born with a silver spoon in her mouth!

콕 찍어 발음 확인

# He has absolutely no tact.

p.20

그 인간이 진짜 내 신경을 건드려.

p.24

우리 부장 때문에 돌겠어.
그 인간은 그냥 노답이야.

**3**

 콕 찍어 발음 확인

# He's really getting on my nerves.

**4**

 콕 찍어 발음 확인

# My boss is driving me nuts.
# He's just clueless.

**5**

정말 시간을 되돌리고 싶다.

**6**

p.38

난 무조건 콜!

9

**5**

# I really wish I could turn back time.

**6**

# I'm all for it!

**7** p.42

# 한잔 하러 갈래? 불금이잖아!

**8** p.46

# 좀 알딸딸하네.

콕 찍어 발음 확인

# Are you up for a drink? TGIF!

콕 찍어 발음 확인

# I feel a little tipsy.

p.50

**9**

너무 뻔하잖아.

p.54

**10**

내가 제일 먼저 도착할 거야.

**9**

# That's too cliché.

**10**

# I'll be the first person to show up.

p.64

알람도 못 듣고 계속 잤잖아.

p.68

내일은 회사 째야지.

**11**

꼭 찍어 발음 확인

# I slept through my alarm.

**12**

꼭 찍어 발음 확인

# I'll skip work tomorrow.

p.72

투잡 뛰어야 할 것 같아.

p.76

배 터질 때까지 정크 푸드를 막 먹어.

**13**

숙제 대신해 드립니다

# I think I need to get a second job.

**14**

# I pig out on junk food.

p.80

**15**

# 오늘 뭔 특별한 날이야?

p.90

**16**

# 망했다.

콕 찍어 발음 확인

# What's the occasion?

콕 찍어 발음 확인

# I blew it.

**17**

p.94

지금은 회의중

바로 본론으로 들어가죠.

**18**

p.98

마음에 두고 있는 사람 있어?

지금은 회의중

## Let's cut to the chase.

---

18

## Do you have anyone in mind?

p.102

쓰던 이메일만 마무리하고.

p.106

살살 해.

꼭 찍어 발음 확인

# Let me just wrap up this email I'm writing.

꼭 찍어 발음 확인

# Go easy on yourself.

p.116

와이파이 잘 터진다고 뜨는데.

p.120

이번 한 번만 봐주시면 안 될까요?

**21**

꼭 찍어 발음 확인

# I have full wifi bars.

**22**

꼭 찍어 발음 확인

# Can you let this one slide?

p.124

**23**

일이 좀 생겼어.

p.128

**24**

풍문으로 들었어.

콕 찍어 발음 확인

# Something came up.

콕 찍어 발음 확인

# A little birdie told me.

p.132

**25**

방금 사표 던졌어.

p.142

**26**

집들이 안 하냐?

꼭 찍어 발음 확인

# I just handed in
# my resignation letter.

꼭 찍어 발음 확인

# Aren't you having
# a housewarming party?

p.146

내 몸이 하나인 게 안타까울 따름이네.

p.150

미리 알려주면 어디 덧나냐?

# Too bad I can't be in two places at once.

# You couldn't give me a heads-up?

p.154

# 나한테 뭐 해줄 건데?

p.158

# 싫음 말든가.

**29**

콕 찍어 발음 확인

# What's in it for me?

---

**30**

콕 찍어 발음 확인

# Take it or leave it.

마무리 복습과 찾아보기가 동시에!

# 영어회화
# 최종점검 인덱스

여기까지 오는 동안 여러분이 만났던 영어회화
표현들의 우리말 뜻을 가나다순으로 정리했습니다.
향상된 실력을 확인하는 [복습용],
궁금한 표현만 콕 집어 찾아주는 [검색용] 등 학습 목적에 맞게 활용하세요.

## 인덱스 활용법

이 코너는 마무리 복습과 표현 검색의 두 가지 용도로 활용할 수 있어요.
여러분의 취향과 학습 목적에 맞게 활용하세요.

### [마무리 복습용]
### 내 영어회화, 얼마나 늘었을까?

우리말을 영어로 바꿔 말해보세요. ✏️ 빈칸에 써보아도 좋습니다. 영어 표현이 생각나지 않는다면 오른쪽에 표시된 페이지로 돌아가서 한 번 더 학습하세요. 헷갈렸거나 말하지 못했던 표현은 ☐에 ☑️식으로 체크 표시하고 다음에 다시 도전해 보세요.

### [찾아보기용]
### 이 표현, 영어로는 뭔지 궁금해!

'여기 있는 걸 전부 외우기는 좀 부담스럽다. 나는 그냥 딱 꽂히는 표현, 정말 궁금한 표현만 알고 싶다.' 이런 분들은 인덱스로 활용해 주세요. 표현 옆에 있는 More 6  17과 를 보고 해당 과를 찾거나 ▶ 옆의 페이지 번호로 찾아가면 됩니다. 모든 과의 대표 표현은 파란색으로 표시했습니다.

**START!**

☐ 10분 정도 남았네요. (우리에게 10분 정도 있네요.) 17과  ▸ p.95

✎ _____

☐ 12시 5분 전이야. 19과  ▸ p.103

✎ _____

☐ 4달러. 그 이상은 안 돼. 29과  ▸ p.155

✎ _____

☐ 5분 안에 도착할게. More 6  ▸ p.162

✎ _____

☐ 5초 안에 결정해. 30과  ▸ p.159

✎ _____

☐ 같은 말도 항상 너무 밉게 해. 2과  ▸ p.17

✎ _____

☐ 개인적인 일이야. 23과  ▸ p.125

✎ _____

38

☐ 걔 완전 분위기 망치는 대표주자잖아. More 2 ▶ p.61

✎ _____

☐ (걔) 이별 후에 좀 우울한 상태지 뭐. More 3 ▶ p.87

✎ _____

☐ 걔 이상해. More 1 ▶ p.34

✎ _____

☐ 걔 이혼한대. 24과 ▶ p.129

✎ _____

☐ 걔 태도는 항상 내 신경을 건드려. 3과 ▶ p.21

✎ _____

☐ 걔가 나 바람 맞혔어. More 6 ▶ p.163

✎ _____

☐ 걔는 도무지 개념이 없어. 2과 대표 표현 ▶ p.17

✎ _____

☐ 걔는 인간 관계를 제대로 유지하지 못했어(인간관계를 자꾸 끊고 다녔어). More 1 ▶ p.36

✎ _____

☐ 걔는 진짜 아첨쟁이야. More 1 ▶ p.33

✏ _____

☐ 결정하면 알려줘. 18과 ▶ p.99

✏ _____

☐ 그 문제는 처리했어요? More 5 ▶ p.136

✏ _____

☐ (그 사람) 통제 대마왕인가 보구나. More 3 ▶ p.89

✏ _____

☐ (그 여자) 애매모호한 얘기를 계속 반복해서 하더라고. More 3 ▶ p.85

✏ _____

☐ 그 인간은 그냥 노답이야. 4과 대표 표현 ▶ p.25

✏ _____

☐ (그 인간) 도대체 왜 그런대? (그 인간 문제가 뭐야?) 3과 ▶ p.21

✏ _____

☐ 그 인간이 진짜 내 신경을 건드려. 3과 대표 표현 ▶ p.21

✏ _____

41

☐ 난 무조건 콜! 6과 대표 표현     ▶ p.39

🖉 _____

☐ (전화) 난 잘 들리는데. 21과     ▶ p.117

🖉 _____

☐ 난 직업이 두 개야. 투잡 뛰고 있어. 13과     ▶ p.73

🖉 _____

☐ 날씨 겁나 춥네. 12과     ▶ p.69

🖉 _____

☐ (전화) 내 말 들려? 21과     ▶ p.117

🖉 _____

☐ (상대의 말에 동의하며) 내 말이. (네 말 무슨 말인지 잘 알아.) 13과     ▶ p.73

🖉 _____

☐ 내 몸이 하나인 게 안타까울 따름이네. 27과 대표 표현     ▶ p.147

🖉 _____

☐ 내 생일파티 올 거지? 10과     ▶ p.55

🖉 _____

46

☐ 내 전화기 자꾸 끊겨. More 4 ▸ p.115

✐ _____

☐ 내가 무용지물처럼 느껴져. More 1 ▸ p.33

✐ _____

☐ 내가 왜 신경 써야 돼? More 5 ▸ p.138

✐ _____

☐ 내가 잘 알아서 할게. 내가 잘 처리할게. More 4 ▸ p.112

✐ _____

☐ 내가 제일 먼저 도착할 거야. 10과 대표 표현 ▸ p.55

✐ _____

☐ 내가 하나하나 자세히 설명해줄게. More 5 ▸ p.138

✐ _____

☐ 내일은 영하 10도래. 12과 ▸ p.69

✐ _____

☐ 내일은 회사 째야지. 12과 대표 표현 ▸ p.69

✐ _____

47

☐ 넌 정말 농땡이 대마왕이야. More 4 ▶ p.113

✎ _____

☐ 네 감정 기복 때문에 내가 제 명에 못 살 것 같다. More 1 ▶ p.35

✎ _____

☐ 네 말투 지금 엄청 거슬려. 3과 ▶ p.21

✎ _____

☐ 네 일이나 잘해. 신경 끄고 너나 잘해. More 5 ▶ p.137

✎ _____

☐ 네가 걔한테 싸가지 없게 했잖아. More 1 ▶ p.36

✎ _____

☐ 네가 상관할 일 아냐. More 5 ▶ p.137

✎ _____

☐ 눈 깜짝 할 사이에 지나가더라. More 3 ▶ p.84

✎ _____

☐ (방금 네가 말한 그거 별로니까) 다른 아이디어 내봐. 9과 ▶ p.51

✎ _____

☐ 다음을 기약해도 될까? More 6 ▶ p.164

✎ _____

☐ 대체 누가 이게 좋은 아이디어랍시고 생각해낸 거야? More 2 ▶ p.61

✎ _____

☐ 더 저렴한 것으로 사. More 3 ▶ p.89

✎ _____

☐ 도로 갖다 둬야지. 29과 ▶ p.155

✎ _____

☐ 도시 생활이 전원 생활보다 낫다고 생각해? More 5 ▶ p.141

✎ _____

☐ 둘이 썸 타면서 오고 가는 긴장감 진짜 질린다 질려. More 2 ▶ p.63

✎ _____

☐ 듣고 보니 우울하네. 15과 ▶ p.81

✎ _____

☐ 땅 파서 돈 나오는 게 아냐. More 3 ▶ p.89

✎ _____

☐ 뭔 소리야? More 6 ▸ p.164

✎ _____

☐ 미리 말해줄 수 있어? 28과 ▸ p.151

✎ _____

☐ 미리 알려주면 어디 덧나냐? 28과 대표 표현 ▸ p.151

✎ _____

☐ 미리 알려줄 수는 없었니? 28과 ▸ p.151

✎ _____

☐ 미안, 나 좀 늦어. More 6 ▸ p.162

✎ _____

☐ 미팅 관련해서 오늘 아침에 나한테 전화 주기로 했잖아. 22과 ▸ p.121

✎ _____

☐ 바로 본론으로 들어가죠. 17과 대표 표현 ▸ p.95

✎ _____

☐ 바로 우리 같은 싱글들을 위한 날(이야). 15과 ▸ p.81

✎ _____

☐ 밖에 비 엄청 와. More 3 ▶ p.86

✏️ _____

☐ 방금 사표 던졌어. 25과 대표 표현 ▶ p.133

✏️ _____

☐ 배 터질 때까지 정크 푸드를 막 먹어. 14과 대표 표현 ▶ p.77

✏️ _____

☐ 벽에 대고 말하는 느낌이었어. More 1 ▶ p.34

✏️ _____

☐ (안부인사에 대해) 별거 없어. 7과 ▶ p.43

✏️ _____

☐ 별일 아니어야 할 텐데. (모든 일이 괜찮길 바라.) 23과 ▶ p.125

✏️ _____

☐ 부모님이 사주셨다나 봐. 1과 ▶ p.13

✏️ _____

☐ 분명 뭔가 있긴 해. 3과 ▶ p.21

✏️ _____

☐ 엄청 떨렸어. 16과 ▸ p.91

✎ _____

☐ 엄청 빡세게 일 시켜. More 1 ▸ p.32

✎ _____

☐ 엄청 차려 입었네. More 6 ▸ p.164

✎ _____

☐ 역시 뭘 좀 아네. (네가 나랑 그것에 대해 뜻이 맞아서 기뻐.) 14과 ▸ p.77

✎ _____

☐ (전화) 연결 상태가 안 좋나 봐. More 4 ▸ p.115

✎ _____

☐ 영희 때문에 머리 아파. More 1 ▸ p.32

✎ _____

☐ 영희가 진이 빠져 보이네. More 4 ▸ p.110

✎ _____

☐ 오늘 뭔 특별한 날이야? 15과 대표 표현 ▸ p.81

✎ _____

☐ 이 근처 살아? More 2 ▶ p.62

✏️ _____

☐ 이 날씨 진짜 감당이 안 된다. 12과 ▶ p.69

✏️ _____

☐ 이 동네 오면 나한테 연락해. More 2 ▶ p.62

✏️ _____

☐ 이 식당 24시간 영업해. More 6 ▶ p.166

✏️ _____

☐ 이 영화 뻔한 내용이구나. 9과 ▶ p.51

✏️ _____

☐ 이 일이 나한테 너무 부담스러워. 25과 ▶ p.133

✏️ _____

☐ 이 파티 정말 노잼이다. More 2 ▶ p.60

✏️ _____

☐ 이 파티는 별로다. 9과 ▶ p.51

✏️ _____

☐ 이거 정말 중요한 거니까 제발 늦지 마(시간 맞춰 와). More 6 ▸ p.162

✎ _____

☐ 이걸 어떻게 실행에 옮기면 좋을까? (본문에서는 '어떻게 나가지?'라고 표현했음) 9과 ▸ p.51

✎ _____

☐ 이게 좀 복잡한 상황이야. More 5 ▸ p.138

✎ _____

☐ (받은 선물에 대해) 뭘 이런 걸 다 샀어. 안 이래도 되는데. 10과 ▸ p.55

✎ _____

☐ (집들이 안 하냐는 질문에 대해) 이번 주말에 하려고. 26과 ▸ p.143

✎ _____

☐ 이번 한 번만 봐주시면 안 될까요? 22과 대표 표현 ▸ p.121

✎ _____

☐ 이번에 네가 총대 한번 메지 그래? More 3 ▸ p.88

✎ _____

☐ 이번에는 또 어쨌는데? 4과 ▸ p.25

✎ _____

☐ (쟤) 갑자기 훅 나타난 거 있지. More 2 ▶ p.58

✎ _____

☐ (쟤) 기분이 안 좋나 보지. More 3 ▶ p.86

✎ _____

☐ 쟤 요즘 정말 쌔빠지게 일하고 있거든. More 4 ▶ p.110

✎ _____

☐ (너무 깐깐하게 굴지 말고) 적당히 좀 해주세요. More 4 ▶ p.113

✎ _____

☐ 전혀 모르겠다. More 2    More 3 ▶ p.59, 85

✎ _____

☐ (걔한테) 전화 한번 해봐. 5과 ▶ p.29

✎ _____

☐ 점심에 짜장면 먹자. 15과 ▶ p.81

✎ _____

☐ 정말 시간을 되돌리고 싶다. 5과 대표 표현 ▶ p.29

✎ _____

☐ 풍문으로 들었어. 24과 대표 표현 ▸ p.129

✎ _____

☐ 하룻밤 생각해보고 내일 결정하려고. 18과 ▸ p.99

✎ _____

☐ 한 병 더 시키자. More 2 ▸ p.58

✎ _____

☐ 한잔 하러 갈래? 불금이잖아! 7과 대표 표현 ▸ p.43

✎ _____

☐ 혹시 그 새, 안경 꼈니? (풍문으로 들었다는 말에 대한 재치 있는 응수) 24과 ▸ p.129

✎ _____

☐ (이러고도) 후회 안 할 자신 있어? (확실해?) 25과 ▸ p.133

✎ _____